Basics of Inheritance and Donation

これだけは知っておきたい

「相続・贈与」の基本と常識

相続・贈与の悩みは
この1冊ですべて解消!

新版

◉ムダな相続税を取られないためには?
◉もめないためのポイントとは?
◉相続税・贈与税の計算は?
◉生前贈与など節税ノウハウは?

公認会計士
梅田泰宏【著】

フォレスト出版

相続税は、親子・家族で考えよう——まえがきに代えて

■絶対もめないように早めの対策を！

親が亡くなってから、遺族の間で遺産相続や配分に関するトラブルが発生するケースは少なくありません。たとえ遺産が少なく相続税がかからなくても、何らかのもめごとは起こります。

高齢化社会がどんどん進んでいます。本書を手に取られた方の中にも、70代以上の親を持つケースが多いと思います。高齢の親を持つ、60代～70代の人もいる

かもしれません。介護の問題でご苦労されている人も多いでしょう。

相続に関するトラブルは、遺言書があればいいというものでもありません。

たしかに遺産分けは遺言書が最優先されます。遺された配偶者や子どもなどがいくらもらえるかは、亡くなった人が法的に有効な遺言書を書いていれば、その内容にのっとって分割されます。

遺言書があればトラブルは比較的少ないでしょう。

ただ、遺言書はなるべく家族、親子で相談してつくるべきです。

たとえば父親が亡くなる場合、配偶者や子どもに対してそれなりの〝思い入れ〟があります。土地建物がある場合、「誰に相続させるか」を父親ひとりの意思で決めるとトラブルのもとになります。

また、**たとえば特定の人に多く分け与えるような内容の遺言だったとしたら、いくら「遺言書が優先される」といっても、納得できない遺族が必ず出てきます。**

また、故人の晩年の世話をした遺族と、そうでない遺族とでは、いくら法律では「等分に分ける」となっていても、なかなか納得できるものではありません。
それだけに、トラブルにならないように事前に対策を練っておくべきなのです。

■相続のもめごとは「心」の問題です

この本を手に取った方は、

「そもそも相続税は誰にいくらぐらいかかるのか」
「遺産がいくらぐらいあればかかるのか」
「相続税がかからなくても、誰がいくら受け取るのか決めたほうがいいはずだ」
「遺言書はあるが納得できない」
「生前贈与などの方法はどうすればいいのか」
「誰がいくら相続するか、もめそうだ」

そういったことを思ってのことだと思います。
あるいは、父親が急死し遺産の分与に右往左往しているかもしれません。実際に遺産分けに関して、残された遺族がもめて険悪な雰囲気になっているケースも大いに考えられます。

相続のもめごとは、気持ちの問題でもあるのです。調停や家庭裁判所に持ち込まれる前に処理すべきです。たしかに「法定相続分」といって、誰がいくら相続できるか法律で決められています。しかし法廷闘争になってしまっては泥沼です。

ひとつ簡単な例をあげましょう。

知人の父上が、95歳で亡くなりました。まさに大往生ですが、人生１００年の時代、今では珍しいことではありません。彼の場合、お父様が80代の頃から、「相続のことをきちんとしておかないと……」と持ちかけていたそうです。しかしそのたびにお父様は、「心配しなくても、ちゃんとしてあるから大丈夫だ」で話が前に進まなかったそうです。そう言われてしまうと、息子としては何も言えません。

結局、満足な話し合いもなく、中途半端な〝遺言書もどき〟を遺したまま、お父様は亡くなりました。そのためお父様が亡くなってから遺族どうしで、「誰がいくら相続するか」「家をどうするか」など相談することになりました。

当然ながら、とても重苦しい雰囲気です。地方ですので不動産の評価も低く、遺産総額は1000万円ほどだったそうです。相続税はかかりません。遺族は、配偶者と子どもが3人。法律的には半分を配偶者が相続し、残りを子ども3人が相続することになります。

しかし、遺された土地建物には、配偶者が住み続けることになり、現金化はできません。一方、預貯金300万円の半分ほどは葬儀代等で消えました。残りを子ども3人が分けるわけですが、母親の面倒をみている長男が少し多めに受け取ることになったそうです。わずかな金銭ですが、誰がいくらもらうかは、正式な遺言書もなかっただけに、何かと険悪な雰囲気になったそうです。

都市部などでは土地建物が高額に評価され、相続税を支払うために土地建物を処分しなければならないケースも出てきます。相続は、遺産が少なくてもトラブルになりがちですが、遺産（特に不動産）が高額に評価されると、ごっそり相続税がかかるケースも多いのです。

また相続税は、金銭に換算することのできるすべての遺産に対してかかりますから、誰がいくら相続するかは、大きな問題です。

高齢で亡くなるような場合、いわゆる有価証券（金銭）はあまり遺されていない場合もあります。そういうとき遺産の多くは土地建物がメインですが、先の例のように、「配偶者」が住んでいるケースも多いでしょう。これをまさか解体↓現金化できませんから、子どもたちにどう分配するか悩むところです。

あるいは兄弟姉妹の家族が一緒に住んでいるかもしれません。父親が亡くなった場合、その兄弟が主に母親の介護をするわけですから、ここでも配分に悩みます。仮にある程度の有価証券が残っていても、それは場合によっては「配偶者」の老後の生活費としてキープしておかなければなりません。

比較的裕福な70～80代が、この先亡くなっていきます。それを50代ぐらいの子どもが相続するのです。兄弟が多ければ、「誰がいくら、何をもらうか」という遺産配分の問題は決して簡単なことではありません。

遺族も生活に不自由していなければ金銭トラブルも少ないでしょうが、この景気です。ここに親の介護問題が絡めば、相続税はムダにはできないのです。

そのために、**まだ親が元気なうちに対策を立てておくべき**なのです。多額の相続税がかからないように、何年か前から贈与する方法もあります。これについては本文で詳しく説明します。

先ほどのケースのように、「親が元気なのに、死んだ後のことを相談する」のは、たしかにむずかしいことです。子どもが親に、「父さん、相続の件なんだけど……」と持ちかけても、「ちゃんと考えてあるからゴチャゴチャ言うな」で一蹴されるケースも少なくありません。

しかし、親が高齢になり判断力も衰えてからでは、的確な相談もできません。遺族も高齢化します。元気なうちに、家族で話し合うべきではないでしょうか。

■生前贈与を含めた話し合いを始めよう！

現実問題として、たとえ相続税がかからない少額の遺産でも、「兄貴はいくら、姉貴はいくら……」ともめるものです。遺産が１００万円以下でも、もめごとは起こります。

「まだ親も60代だし、元気だから、今から相続の話をするのは……」
「そもそも、うちにはそんな財産はない」
「私は結婚して家を出ているから、親の相続にはあまり関係ないのでは」

そんなふうに考えている人は少なくないでしょう。**実際に、親も子も元気だと、相続の話など持ちかけづらいものです。しかし、いざとなってからでは遅いのです。**また高齢化で一気に親が「相談に乗りにくい」状態にもなりかねません。なるべく早いうちに、生前贈与も含めた財産分割の話をしていくべきなのです。

この本は、おおむね次のような構成になっています。

プロローグではまず、遺産の分け方をめぐって遺族同士がもめたり、知識がなかったばかりに、高額の相続税を取られたりしたケースを見てみます。都会などでは地価が高騰し、ちょっとした家を持っていると相続税がかかってきたりするものです。

第1章では、そもそも「相続」とはどんなことなのか、「相続人」「相続分」「遺言」、相続人になれる人なれない人などなど、もめないために最低限、知っておきたいことがらを説明します。

第2章は、「相続税」のしくみを詳しく説明します。どれだけの財産を持っていると、誰にどのぐらい税金がかかるのか――そういうことを説明します。

第3章は「贈与」と「贈与税」のしくみを説明します。相続税を避けようと事前に子どもなどに財産を与えると、むしろ相続税より高額な贈与税がかかります。しかしうまく制度を使うと、相続税を安くできたり、かからなかったりします。

第4章では、遺産はいくらに評価されるかについて説明します。地方では土地、建物に相続税がかかることはあまりありませんが、都市部ではそうはいきません。持っている土地建物がいくらに評価されるかチェックしておく必要があります。また地方といえども、親が亡くなり更地にするかアパートを建てるか駐車場にするかで、固定資産税などはだいぶ違います。

第5章は、相続税の計算手順です。ここは、相続のモロモロが一段落してから読んでもかまいませんが、大筋は押さえておきましょう。

第6章は、生前贈与など、節税のノウハウをあげました。

さらに随所に「もめないためのポイント」をあげました。遺族がいがみ合うのは哀しいもの。大いに参考にしてください。

相続・贈与にはいろいろなケースがあります。離婚が増えているご時世ですから、前妻（夫）との間に子どもがいれば、その人にも相続権があります。しかしこれは、なかなかむずかしい問題です。その他、本書の中に相続税軽減対策、もめないためのいくつかのヒントがあれば、著者としてこの上ない喜びです。

公認会計士・税理士　梅田泰宏

新版
これだけは知っておきたい
「相続・贈与」の基本と常識

目次

相続税は、親子・家族で考えよう——まえがきに代えて……3
■絶対もめないように早めの対策を！　3
■相続のもめごとは「心」の問題です　5
■生前贈与を含めた話し合いを始めよう！　9

プロローグ

相続・贈与に見て見ぬふりをしていると……

遺族同士が財産の分け方でもめたり、知識がなかったばかりに多額の相続税を取られたりしたケースを見てみましょう。

1 なぜ、親が元気なうちから「相続」か？……30
↓仲の良い親子兄弟でも「相続争い」は起こる
2 〝もめない〟相続は、どうしたらいい？……32
↓イザとなってからでは遅い、前もって話し合いを
3 「相続税なんてお金持ちの話」だろうか？……34
↓資産家でないつもりでも相続税はかかってくる
4 「生前贈与」があると税金はどう変わる？……36
↓贈与税や相続税がかかることがあるので事前によく調べておく

5 生前贈与は高い税金をとられてソンなのか？……38
↓贈与と相続を組み合わせて税金を払う制度がある

6 もしも親が財産以上の借金を遺したら……40
↓相続放棄や限定承認もできることを知っておこう

7 自分が遺したい人に財産を遺すには？……42
↓婚姻関係がない人には「遺言」を活用する

8 前妻（前夫）との子の相続権は、どうなる？……44
↓連れ子には養子縁組をするのが一般的だが……

もめないポイント その① 相続でもめるとソンをする（ことがある） 46

第1章

まず知っておきたい「相続」のしくみ

「相続」「相続分」「遺言」などなど、最低限これだけ知っておくことが、もめない相続につながります。

1 要するに「相続」とは、どういうことか？……48
↓相続では「積極財産」も「消極財産」も相続する

2 ケース別・「相続人」になるのは誰と誰？……50
↓「配偶者相続人」と、「血族相続人」がなる
◉相続順位の最上位が相続人になる 50
◉養子や胎児、孫、祖父母が相続人になることもある 52

3 相続できない人、させたくない人がいる場合……54
↓「相続欠格」「相続廃除」として資格をなくすケースもある

4 相続する割合は、どうやって決まるのか？……56
↓相続財産の取り分（相続分）は4種類ある

5 ケース別・「法定相続分」による財産の分け方……58
↓相続人の組み合わせにより法定相続分は変わる
◉法定相続分は財産の分け方の目安 58
◉ケース別・法定相続分の割合 58

6 自分で分け方を指定したいときはどうする？……62
↓遺言に「指定相続分」を記載しておけばよい

7 生前に財産をもらった人にも相続分はあるか？……64
↓「特別受益」の分は相続分から減らされる

●目次

8 財産をつくるのに貢献した人はその分もらえる？…… 66

↓相続人の話し合いで「寄与分」をプラスすることも

もめないポイント その② 〝息子の嫁〟は「特別寄与料」がもらえる？ 68

9 借金のほうが多いときは、どうしたらよいか？…… 70

↓相続の放棄などの手続き、期限を知っておこう

10 他人に全財産を譲る遺言は有効か？…… 72

↓配偶者や子などは「遺留分」が請求できる

11 「遺産分割」は、どのように行なうのか？…… 74

↓「現物分割」「換価分割」など4つの方法がある

12 遺産分割がまとまらないときはどうするか？…… 76

↓家庭裁判所の「調停」、それもダメなら「審判」

◉話し合いがまとまったら「遺産分割協議書」 76

◉まとまらなかったら、いよいよ家庭裁判所へ 78

13 どのような遺言を残せばよいか？…… 80

↓口頭では無効、決められた方式の書面で残す

◉遺言の作成・保管には注意が必要 80

◉一般的につくられる遺言は3種類　81

14 誰かに遺産を贈る方法は、いろいろある……84
↓遺贈のほかにも「死因贈与」などの方法がある

もめないポイント その③ 遺言の指定と違う遺産分割はできる?　86

第2章 相続税はどんな税金か知っておこう

相続の手続きの中でも、大きな壁となって立ちふさがるのが「相続税」。まずはどんな税金なのか、簡単に押さえておきましょう。

1 財産を受け継ぐのになぜ税金がかかるのか?……88
↓相続税が課税される背景には2つの考え方がある

2 どのような財産に税金がかかるのだろう……90
↓財産とみなされる「みなし相続財産」がある
◉生命保険金などは相続財産とみなされる　90
◉生前贈与に相続税がかかる場合がある　92

3 どれくらいの相続財産があると相続税がかかるか?……94
↓法定相続人の数に応じて「基礎控除額」がある

4 相続税は誰が払わなければならないか？ …… 96
↓2次相続まで視野に入れて相続する人を決める

5 どうしても金銭で相続税が払えないときは？ …… 98
↓年賦で払う「延納」や、「物納」の制度もある

6 相続税法はときどき変わるので要チェック！ …… 100
↓近年でも生前贈与について大きな改正があった

もめないポイント その④ 相続税がかからない相続財産がある？ 102

第3章 相続に活かしたい「贈与」のしくみ

生きているうちの「贈与」を上手に使うと相続の悩みが少し、あるいは大きく軽減します。その贈与のしくみを知っておきましょう。

1 要するに「贈与」とは、どういうことか？ …… 104
↓相続は人の死亡で開始するが、贈与は契約で成立する

2 「贈与税」は相続税とどんな関係？ …… 106
↓相続税を軽くしようと思えば贈与税が重くなる

3 贈与税がかかるのは、どういう場合か？ ………………………………… 108

→ 贈与と思わなくても贈与税がかかる場合がある

● 贈与税には「みなし贈与財産」がある 108

● 贈与税がかからない「贈与税の非課税財産」とは？ 110

4 贈与税は、どうやって課税される？ ………………………………… 112

→「暦年課税」では暦の1年に贈与された合計額に課税される

● 贈与税の計算の基礎になる「課税価格」 112

● 贈与税を上手に活用すれば相続税の軽減になる 114

もめないポイント その⑤ 基礎控除額以下の分も生前贈与加算の対象になる **116**

5 配偶者からの贈与には「配偶者控除」がある ………………………………… 118

→ 居住用の不動産の贈与は2000万円まで控除

6 贈与税の申告・納付は誰がしなければならないか？ ………………………………… 120

→ 翌年の2月～3月15日頃に「受贈者」が申告・納税する

● 住所地の税務署に申告書を提出して納税する 120

● 一度に払えないときは延納もできる 122

7「相続時精算課税」制度の上手な利用法とは？ ………………………………… 124

→ メリット、デメリットを知って選択は慎重に

◉要するに「相続時精算課税制度」とは?　124
◉相続時精算課税のメリット・デメリット　125

もめないポイント　その⑥　贈与税が非課税・軽減になる特例いろいろ　128

第4章　相続財産の「財産評価」をしてみよう

相続する財産は全部でいくらあるのか――。
相続税対策のためにも、土地や建物などの評価額の計算を知っておきましょう。

1　財産評価は、どのように行なうか? ……………… 132
↓まず「財産目録」を作成して財産と債務を把握する
◉財産目録をつくってチェックする　132
◉財産の評価額を目安で計算してみる　134

2　土地は、どのようにして評価したらいい? ……………… 136
↓「相続税評価額」が基本だが、時価で評価できることも……

3　宅地を「路線価方式」で評価するには?① ……………… 138
↓「路線価図」を調べて路線価などを求める

4 宅地を「路線価方式」で評価するには？②……140
↓宅地の形によって路線価を修正する
◉路線価を修正する計算は「補正率」「加算率」で 140
◉補正率、加算率を使って計算してみよう 140

5 貸している土地、アパート・貸家の土地は？……144
↓アパートなどにしている土地は評価額が下がる

6 自宅やアパートの建物は、どう評価するか？……146
↓家屋の評価は「固定資産税評価額」が基本

もめないポイント その⑦ 所有権がなくても自宅に住める「配偶者居住権」 148

7 上場株式は、どの時点の株価で評価するか？……150
↓4つの価格のうち最も低い価格で評価する

8 「気配相場等のある株式」を評価する方法は？……152
↓公開途上にある株式なども評価方法が決まっている

9 取引相場のない自社株などは、どう評価するか？……154
↓4つの評価方法があるが、判定はむずかしい
◉2段階の判定で評価方法が決まる 154

◉自社株などの評価額を算出する4つの方法とは？ 156

10 預貯金や投資信託などは、どう評価するか？ …… 158
⬇定期預金などは利息分を加えて評価する

11 ゴルフ会員権、書画・骨とうその他の評価は？ …… 160
⬇クルマ、家財、事業上の資産・債権なども評価する
◉ゴルフ会員権は取引相場のあるなしで評価方法が変わる 160
◉書画・骨とうは専門家に鑑定を依頼する方法も考える 162

12 国外にある財産、外貨建ての財産の評価は？ …… 164
⬇外貨建ての預金や有価証券も日本円で評価する

もめないポイント その⑧ 自分で使っている狭い土地は評価額が下がる？ 166

第5章 相続税はこうして計算する

これから申告するという人も、具体的な予定はないという人も、相続税の計算の流れと申告の手順を知っておきましょう。

1 相続税の計算はどんなステップを踏むのか？ …… 170
⬇財産の合計から始めて、申告・納付まで

2 相続財産の「課税価格」は、どう計算するか？……172

↓債務を差し引いた純資産が課税価格

◉債務になるもの、ならないもの 172

◉葬式費用になるもの、ならないもの 174

3 課税価格から差し引く「基礎控除額」の計算は？……176

↓最低でも3600万円が基礎控除額になる

4 各相続人の相続税額は、どう計算するか？……178

↓まず「相続税の総額」を計算してから按分する

◉課税遺産総額を法定相続分で分ける 178

◉相続分の総額を実際の取得金額で按分する 180

5 さらに各人の税額から差し引ける「控除」は？……182

↓配偶者の税額軽減や未成年者控除、障害者控除なども

◉配偶者には大きな税額の軽減がある 182

◉未成年者控除や障害者控除もある 184

6 相続税の申告は、いつまでにするのか？……186

↓申告期限は相続開始を知った日から10カ月以内

7 相続税の申告書は、どのように入手・記入するのか？……188
↓「相続税の申告のしかた」も用意されている

8 相続税の納税は、いつまでにするのか？……190
↓納税期限は申告と同じ10カ月、遅れると延滞税も……

9 どんな場合に「延納」が有効だろう……192
↓延納には利子税がかかる。きちんと検討してから申請しよう

10 どんな場合に「物納」がトクだろう……194
↓物納は一概に損得がいえないので、よく考えて決める

もめないポイント その⑨ 相続税の申告前にしておくこと 196

第6章 税金を安くする相続税対策の立て方

相続税をできるだけ少なくする——そのためにはイザとなってからでは遅すぎます。夫婦・親子で早めの相続税対策を立てていきましょう。

1 効果的に相続税を安くする対策、3本の柱とは？……200
↓相続税対策は早めに、長期計画で立てたい
◉ 対策は元気なうちから、時間をかけて長期戦で！ 200

◉相続税を安くする対策、3つの柱とは？ 202

2 生前贈与は、どのようにすれば節税になるか？ …… 204

➡贈与税をできるだけ低く抑える生前贈与の仕方

◉生前贈与は長期戦で臨もう 204

◉確実なのは110万円以下の生前贈与 206

もめないポイント その⑩ 「生前贈与加算」は延長されて7年間に！ 208

3 生前贈与で注意したいポイントは？ …… 210

➡ここを押さえれば贈与税と相続税の節税になる

◉まず、相続財産を把握しておく 210

◉値上がりしそうな財産は早めに贈与する 211

◉相続人以外への贈与を考える 212

◉贈与税の配偶者控除を最大限に活用する 213

4 土地の評価額を下げて節税する方法は？ …… 214

➡評価額の低い土地にできれば税金は安くなる

◉事業用地を購入する方法はどうか？ 214

◉貸宅地にして建物を建てさせる方法はどうか？ 216

◉アパートを建てて貸し出す方法はどうか？ 216

● 目次

5 "財産の中身を入れ替える" 節税法は? ……………218
　↓中小企業オーナーなら「債務の資本化」も有効

6 節税のために自社株の評価を下げる方法は? ……………220
　↓中小企業の事業承継をスムーズにする
　●事業承継のためには自社株式の評価額を下げたい 220
　●評価方法によっては評価減ができる 221
　●会社を分割して自社株の評価額を下げる 222

7 生命保険は、いくら掛ければ相続税対策になるか? ……………224
　↓相続税の支払準備として利用することが重要
　●生命保険は相続税の納税資金に最適 224
　●生命保険は、いくら掛ければよい? 226

8 どんな生命保険を掛ければよいか? ……………228
　↓契約の仕方で税金が変わることを知っておこう

もめないポイント その⑪　相続税はクレカで払おう **230**

50音順索引&用語解説

DTP…………ベクトル印刷㈱
編集・執筆協力……ケイ・ワークス

プロローグ

相続・贈与に
見て見ぬふりをしていると……

遺族同士が財産の分け方でもめたり、
知識がなかったばかりに
多額の相続税を取られたりしたケースを
見てみましょう。

1 なぜ、親が元気なうちから「相続」か？

⬇仲の良い親子兄弟でも「相続争い」は起こる

親が亡くなって相続が始まると、残された遺族の前には様々な難問が立ちふさがります。その最大のひとつが、遺産の分け方をめぐるトラブル――「相続争い」です。

ふだん仲の良い兄弟で、親との関係も良好でも、相続に際しては〝もめる〟ことがあります。**遺産の額がさほど大きくなく、話がこじれることはないだろうとタカをくくっていても、いざその場になると自分の取り分を主張する兄弟姉妹が出てきたりする**ものです。

地方の都市で、両親と同居していた公務員の佐藤さん（仮名）のケースもそうでした。東京で働く弟との間ではとくにもめごともなく、盆と正月には弟も家族で帰省していたので、「もしものときは、みんなで話し合って……」と軽く考えていたのです。父親が、相続の話をするのをひどくイヤがっていたという事情もあります。

ところが、いざそのときになると、弟は「オレだって遺産をもらう権利がある」と言い出しました。父親の遺産の大部分は、母親と佐藤さん一家が住む自宅の土地建物で、東京で賃貸に住む弟にすれば、すべてを佐藤さんがもらうのはガマンならなかったのでしょう。

家庭裁判所での争いになることだけは避けたいと考え、仕方なく母親の老後資金に充てるつもりだった預貯金500万円ほどを弟に渡しました。しかし、佐藤さんの中にはやり切れない思いが残ったそうです。弟も気まずかったのか、その後は父親の回忌なども仕事を理由に欠席することが多いそうです。相続で、兄弟の仲は割かれてしまいました。

ふだん仲がいい、遺産の額が大きくないというだけでは、相続がもめない保証はありません。**父親が元気なうちから、家族で話し合っておく必要があった**のです。

相続争いを避けるには?

「もしものときは、みんなで話し合って……」などと考えていると……

☑ ふだん仲がいい

☑ 遺産額が大きくない

だけではもめない保証はありません

親が元気なうちから家族で話し合っておきたいですね！

2

〝もめない〟相続は、どうしたらいい？

イザとなってからでは遅い、前もって話し合いを

たとえば、兄弟姉妹がいない一人っ子の場合は、〝もめる〟心配は少ないかもしれません。しかし、**相続人が複数いる場合は、様々な理由でもめるケースがあります。**

鈴木さん（仮名）の場合、もめそうになった発端は、遺産の話し合いの席で長男夫婦が突然、持ち出した法律上の制度でした。鈴木さんの家族は、次男である鈴木さん一家が少し離れた都市部に暮らし、長男夫婦が実家で両親と同居していました。

その長男夫婦が、遺産分けの話し合いの席で、自分は遺産を多くもらう権利があると主張したのです。これは、相続争いのケースのうちでも、最も多い事例のひとつです。

「寄与分っていうんだ」と長男。「オレは父親の仕事を手伝っていたし、妻は父親の介護を手伝っていたから特別寄与料をもらう権利がある。ちゃんと法律に決まってるんだ」。

たしかに、民法と相続税法には、寄与分と特別寄与料の定めがあります（→P68）。しかし、寄与分と特別寄与料は、相続人全員の合意が必要な制度です。寄与があったかどう

か、あったならその金額がいくらかは、相続人全員で話し合って決めます。

そして、話し合いがまとまらないときは、家庭裁判所に申し立てるしくみですが、そうなると、本格的に〝もめる〟ことになります。長男夫婦としては、いきなり遺産分けの話し合いで持ち出すのでなく、前もって話し合っておくべきでした。

鈴木さんのケースでは、鈴木さんが妥協し、一定額の寄与分と特別寄与料を認めることでまとまったそうですが、いつもうまくいくとは限りません。絶対に〝もめない〟ためには、**イザそのときになってからでなく、前もって話し合いをしておくことが大切**です。

「寄与分」の制度は法に定めがあるが……

寄与分とは?

故人の財産の維持・増加に特別な貢献をした相続人に、相続分をプラスできる制度

相続人

特別寄与料とは?

相続人でない人が、故人の財産の維持・増加に特別な貢献をした場合に、請求できる金銭

相続人以外

寄与分も特別寄与料も相続人全員の合意が必要です

3

「相続税なんてお金持ちの話」だろうか？

↓資産家でないつもりでも相続税はかかってくる

遺産を継ぐ遺族の前に立ちふさがる、もうひとつの壁が税金です。相続税は、所得税や住民税と違って、遺産を相続したときだけかかります。ふだんの生活では意識することが少ないので、つい、「ウチは財産もたいしてないから大丈夫、相続税なんてお金持ちの話」とろくに調べもしないで、ほうっておきがちです。

髙橋さん（仮名）は親子二代、都内でいわゆる〝町中華〟を営んでいました。４階建ての小さなビルの２階までを店舗にし、３階は髙橋さん一家、４階は父親の住居です。父親は、母親が亡くなった後も厨房に立っていましたが、脳梗塞で倒れ、短い入院生活の後で亡くなりました。すると、一人息子である髙橋さんに、ビルと土地の相続税がのしかかってきたのです。

髙橋さんは、自分たちが資産家であるつもりはなかったので、遺産はせいぜい数千万円と思っていました。しかし、ビルが駅近の好立地だったため、評価額は土地建物を合わせて2億円。税理士さんに相談して、小規模宅地等の評価減の特例（↓P166）などの適用も受けましたが、それでも相続税の額は５００万円を超えました。

ビルのローンを払い終わったばかりの髙橋さん親子に、そんな現金預金の蓄えがあるはずもなく、**土地建物を担保に借り入れるしか、相続税を払う方法はなかった**そうです。髙橋さんは、土地建物を相続した代わりに、５００万円超の借金を背負うことになりました。いざ相続になってからでは遅いのです。どれくらいの相続税がかかるのか調べ、必要なら前もって節税対策や、納税資金などの準備をしておく必要があります。

資産家でなくても相続税はかかる

（髙橋さんにかかる相続税の概算）

相続財産の評価額

土地･･･　1億6000万円
建物････････　4000万円

小規模宅地等の評価減の特例

土地の評価額が減額され
土地････････　3200万円
建物と合わせて
計･･････････　7200万円

相続税の基礎控除額

法定相続人１人の場合
････････････　3600万円
7200万円から引いて
課税される金額
････････････　3600万円

相続税の総額

（税率20%、控除額200万円）
3600万円×20%－200万円
＝520万円

土地･建物を相続するために髙橋さんは現金で520万円を払わなければなりません

4

「生前贈与」があると税金はどう変わる？

↓贈与税や相続税がかかることがあるので事前によく調べておく

相続に多額の相続税がかかるなら、財産を生前に贈与しておくのはどうでしょうか。財産を贈与すると、今度は贈与税がかかります。**贈与税は一般的に、相続税より高いとされていますが、贈与の仕方によっては無税で贈与することも可能**です。ただし、贈与を受けた額に相続税がかかったりするので注意が必要です。

まず、**贈与税には年間１１０万円の基礎控除**があります（→P116）。贈与を受ける人（受贈者）が暦の1年間にもらった金額が１１０万円以下なら、贈与税はかかりません。ただし、受贈者が相続人の場合は、相続が起こる前の一定期間の贈与額が相続財産に加算され、相続税がかかるという制度があります（生前贈与加算→P208）。一方、受贈者が相続人でない人、たとえば孫の場合は、１１０万円まで相続税も贈与税もかかりません。

60代の頃から相続税対策を考え始めた田中さん（仮名）は、このしくみを利用して、４人の孫に年１００万円程度、70歳から10年間、贈与を行なったそうです。合計すると約

４０００万円。それだけ相続税の課税対象額が減ったわけですから、子どもたちはさぞ助かったことでしょう。ただし、この節税方法にはいくつか注意点があります（↓Ｐ116）。

また、**生前贈与で大切なのは誰もが納得する贈与を行なうこと**です。「アニキだけ生前にいろいろもらっているのに、遺産を同じ割合で分けるのは納得できない」などというのは、よくある話です。こじれれば、法廷での争いにもなりかねません（特別受益者相続分↓Ｐ64）。生前贈与を考える際は、争いのタネを残さないように注意しましょう。

税金がかかる贈与、かからない贈与

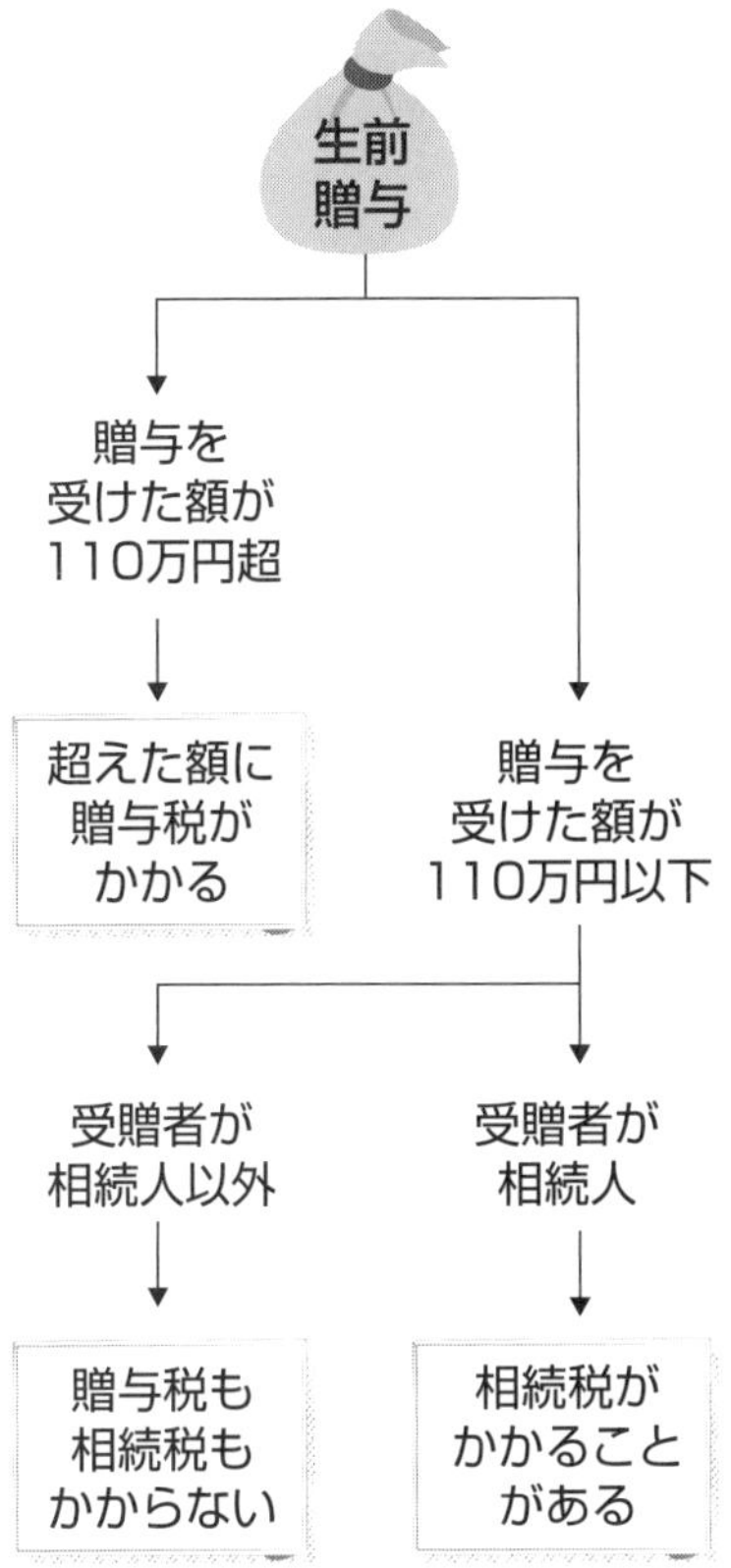

※この図は次項で説明する相続時精算課税を選択しなかった場合です

このしくみを利用して無税で贈与もできます

5 生前贈与は高い税金をとられてソンなのか？

⬇贈与と相続を組み合わせて税金を払う制度がある

通常の贈与の制度では、贈与税を払わずに贈与ができるのは基礎控除額までです。基礎控除を超える金額の贈与を受けようとすると、多額の贈与税を覚悟しなければなりません。

そこで、贈与を相続と一体のものとして組み合わせて、生前贈与をよりしやすくした制度があります。**「相続時精算課税」制度**という制度です。

簡単にいうと相続時精算課税の制度では、生前贈与の時点では贈与税非課税または一律の税率で済ませ、いざ相続となったときに、贈与された財産と相続財産の合計で相続税を計算し、精算します。贈与された財産にも相続税がかかるので、相続税の節税にはなりません。しかし、この制度を利用すると、税率の高い贈与税の心配なしに、比較的気軽に生前贈与ができるようになります。

具体的には、相続時精算課税を選択すると、贈与財産２５００万円を超えるまで何回の贈与でも贈与税非課税となり、超えた額は一律20％の課税です（↓Ｐ124）。

相続税と贈与税を組み合わせるとは?

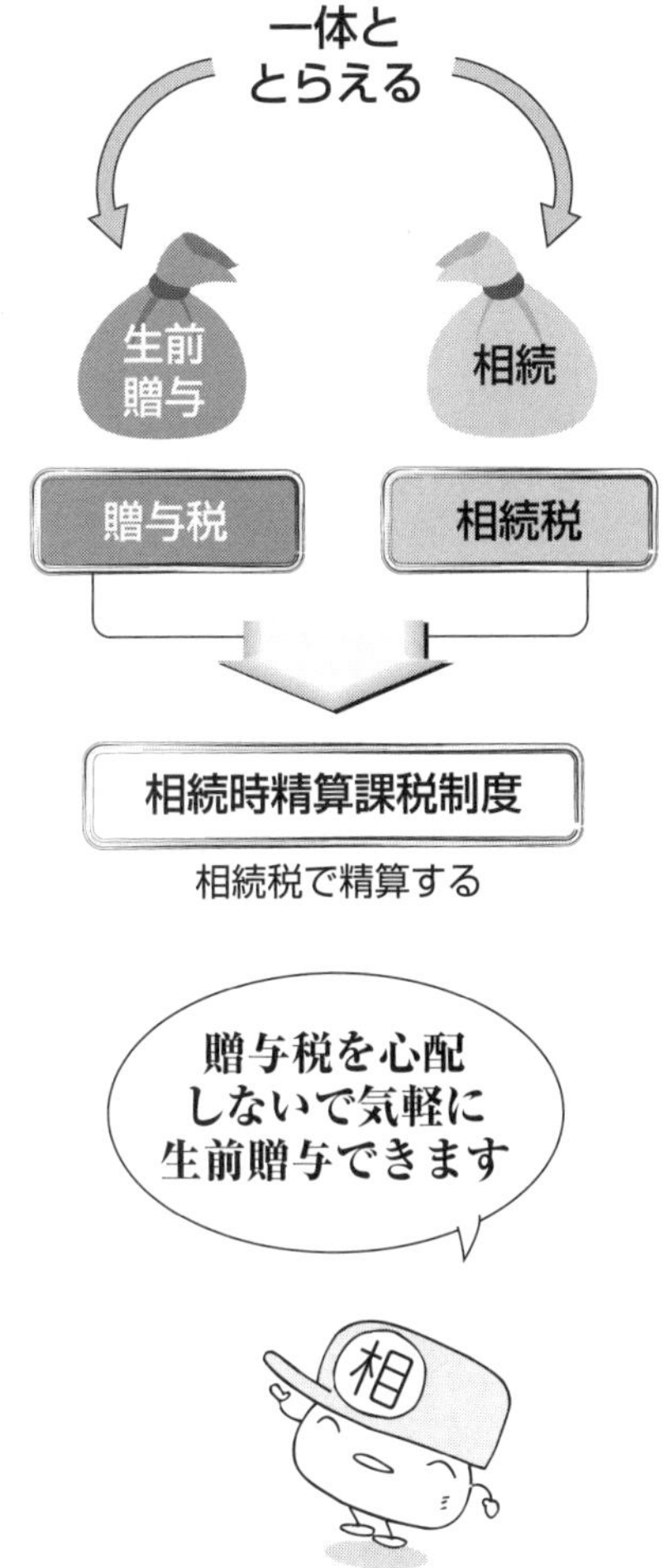

地方都市で衣料品店を営む伊藤さん（仮名）は、この制度を利用して、店の経営に熱心な次男に店舗と土地を贈与しました。もちろん、会社勤めの長男には、自宅の土地と建物を相続させる遺言を遺すことにして、納得させたうえでのことです。

これで少なくとも、兄弟が遺産の分け方でもめて、愛着のある自宅と店が売りに出されるようなことだけは避けられるでしょう。**このように、相続時精算課税の制度には、相続時の争いをあらかじめ防ぐような使い方もあります。**

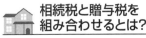

6

もしも親が財産以上の借金を遺したら……

➡相続放棄や限定承認もできることを知っておこう

相続と聞くと、土地・建物や現金・預金など、プラスの価値がある財産を引き継ぐイメージですが、実は**マイナスの財産、すなわち借金も含めて、すべて引き継ぐのがルール**です。相続する人が、引き継ぐ財産を選ぶことはできません（→P48）。

それでは、借金がプラスの財産より多いという場合も、相続する人はすべて引き継がなければならないのでしょうか。

父親が急逝した知らせを受けて、渡辺さん（仮名）は夫、子どもたちと暮らす東京から急きょ故郷に戻りました。高齢の母親を助けて葬儀も滞りなく済ませ、諸手続きも一段落した晩、渡辺さんは母親から思わぬ相談をされます。

父親は何と、営んでいた商売のために莫大な借金をしていたのです。その額は、父親の財産をすべて処分しても返しきれないくらい。

渡辺さんは一人娘でしたから、相続人は母親と渡辺さんだけです。母親と渡辺さんは、返しきれない借金を2人で背負わなければならないのでしょうか。

こうしたケースを救済するため、法律が設けているのが**「相続放棄」**という制度です。相続人の地位を放棄するもので、相続という法律的な行為自体から外れることになります。また、借金のほうが多いか、よくわからない場合のための制度が**「限定承認」**です。プラスの財産の範囲内に限定して、マイナスの財産を引き継ぐことにできます。

ただし、どちらも相続を知った日から3カ月以内に家庭裁判所に申し立てることが条件です（↓P70）。もしものときにあわてないために、このことを覚えておきましょう。

借金を継がないための2つの制度

相続放棄

相続人としての地位を放棄する

プラスの財産も
マイナスの財産も継がない

限定承認

プラスの財産の範囲でマイナスの財産を継ぐ

プラスの財産が多ければ
相続する人に遺産が残る

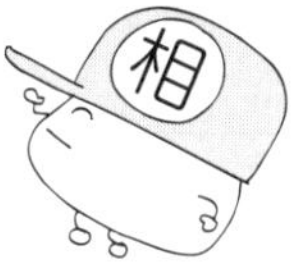

もしものときのために親も子もこれらの制度があることを覚えておきましょう

7

自分が遺したい人に財産を遺すには？

⬇婚姻関係がない人には「遺言」を活用する

ＩＴ企業のオーナー社長である山本さん（仮名）は、まだ40代なのに最近、相続のことを調べています。実は、山本さんには事実婚のパートナーがおり、自分に万一のことがあったときに、財産を遺したいと考えているのです。

住民票は「妻（未届）」で届け出ていますが、法律上の婚姻関係がないと相続権がないという話はよく聞きます。**事実婚のパートナーに自分の財産を遺すには、どうしたらよいでしょうか。**

婚姻関係のない人に財産を遺す最も確実な方法は、法律的に有効な「遺言」を遺すことです。遺言は、誰に何を遺すかを指定するものですが、相続権がない人を指定することもできます。婚姻関係の有無だけでなく、お世話になった人、応援したい人など、自分が遺したい人に財産を遺せるわけです。

注意点は、法律に決められた方式で遺すことです（→Ｐ80）。法律には、書面にすると定められているので、音声や動画のデータで残しても無効になります。書面でも、代筆は無効、一部を除いてワープロで作成したものも無効です（自筆証書遺言の場合）。

作成方法だけでなく、開封の仕方なども法律で厳密に定められています。遺言を見つけた人が、その場で開けてしまったりしないよう、対策をしておくことが必要です。

現在では、法務局に遺言（自筆証書遺言）の保管所が設けられているなど、制度も整備されています。実際に遺言を作成するときには、どの方式で作成してどのように保管するか、慎重に検討しましょう。

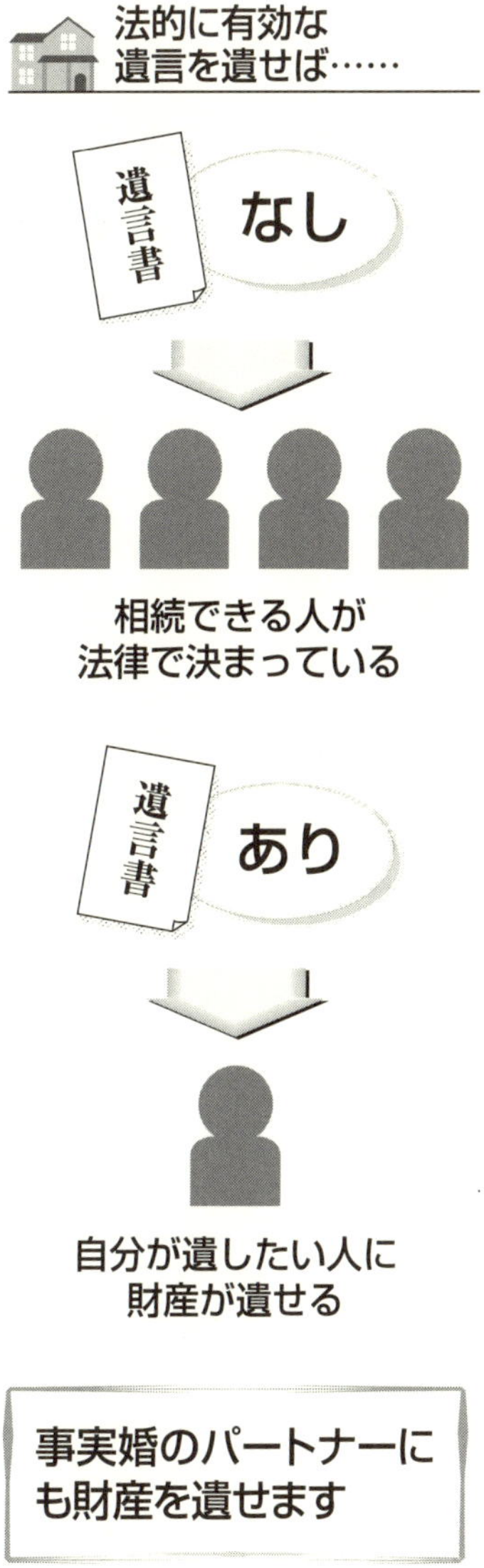
法的に有効な
遺言を遺せば……
遺言書
なし
相続できる人が
法律で決まっている
遺言書
あり
自分が遺したい人に
財産が遺せる
事実婚のパートナーにも財産を遺せます

8

前妻（前夫）との子の相続権は、どうなる？

⬇連れ子には養子縁組をするのが一般的だが……

法律上の婚姻関係になる場合に、注意したいのは再婚で、連れ子がいるときです。婚姻関係になる人は配偶者になるので、自動的に相続権があります。しかし、連れ子は血縁関係がありませんから、そのままでは相続権がありません。婚姻を届け出ると、親子関係も成立したようにカン違いするケースもありますから、注意が必要です。

連れ子に財産を遺したいとき、一般的なのは「**養子縁組**」を行なうことです。養子は相続人になりますから、実子と同じ相続権を持ちます。

この養子縁組でさらに注意したいのは、夫の側に連れ子がいるときは、妻と養子縁組をする必要があるということです。夫の連れ子と養子縁組をしておかないと、夫が先に逝き、その後で妻の2次相続（↓P96）となった場合に、連れ子には相続権がないことになってしまいます。

夫・妻ともに、連れ子をつれて再婚した中村さん（仮名）の夫婦は、夫が妻の連れ子を養子縁組しようとして、手続きの代行を頼んだ行政書士さんに、そのことを指摘されたそうです。「女性のほうが平均寿命は長いので、絶対に必要なことですよね」と、中村さん夫婦は笑っていました。

また、前妻（前夫）が引き取った子がいる場合も、注意しておく必要があります。離婚しても、実子であることに変わりはないので、相続人のひとりです。

たとえば、妻に、前夫が引き取った子がいた場合、その子は２次相続で他の実子や養子と同じ相続分を主張できることになります。

養子縁組が必要な、ケースとは?

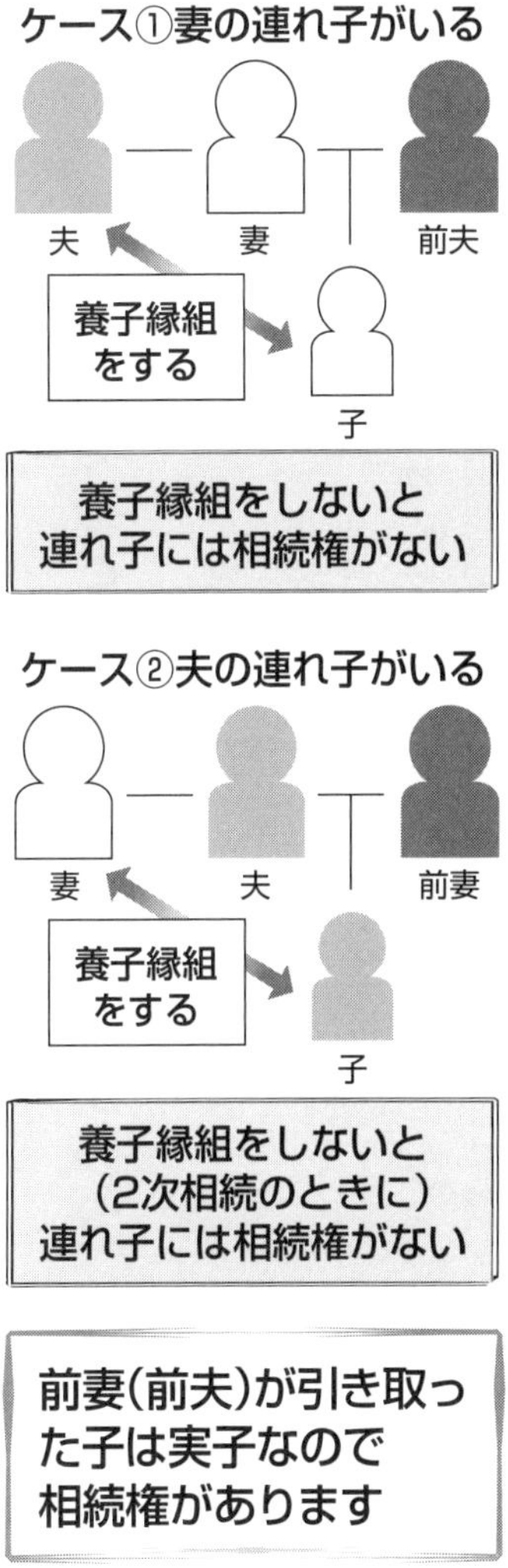

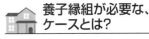

その① 相続でもめるとソンをする（ことがある）

一昨年、父親から自宅の土地と建物を相続した小林さん（仮名）は、「兄弟ともめたおかげでソンをした」と怒っています。

小林さんは、遺産の分け方（遺産分割→P74）で兄弟ともめ、10カ月の申告期限に間に合わせるために、遺産が未分割の状態で相続税の申告・納税をしたのです。しかし、小林さんが計算に入れていた小規模宅地の特例（→P166）は適用できませんでした。特例を適用する要件に「遺産分割が完了していること」があったからです。

その結果、ごく少なくて済むはずだった相続税は、金額が大きくはねあがり、小林さんは納税額を用意するのに苦労したといいます。兄弟でもめないで、期限までに遺産分割が完了していれば、払わなくてよい税金でした。

同じように、遺産分割が完了していないと適用できない特典に、**相続税の配偶者控除**（→P182）があります。

もし、遺産の分け方でもめそうになったら、相手に「長引くとソンをする（ことがある）」と説明し、早めの解決を促してはいかがでしょうか。

第1章

まず知っておきたい「相続」のしくみ

「相続」「相続分」「遺言」などなど、
最低限これだけ知っておくことが、
もめない相続につながります。

1

要するに「相続」とは、どういうことか？

↓相続では「積極財産」も「消極財産」も相続する

相続について、まず押さえておきたい重要なことが2つあります。

第1に、**相続について定める民法では「相続は、死亡によって開始する」**とされていることです。何か手続きをしたり、死亡の連絡を受けたりして始まるのではありません。相続は、原則として死亡と同時に始まっており、死亡した人（被相続人）の財産に関する権利義務は、相続する人（相続人）に移転していると考えられます。

ですから、相続人全員の合意があれば相続する財産（相続財産）の分け方を、原則として自由に決めることが可能です（→P58）。

また、死亡が確認できなくても、事故や災害に際しての「認定死亡」（→巻末❺）や、行方不明に対する「失踪宣告」（→巻末❷）という法律上の制度で相続が開始されます。

もうひとつ重要なのは、**相続人は「被相続人の財産に属した一切の権利義務を承継する」**と定められていることです。土地・建物、現金・預金などは当然、相続人に受け継がれます。しかし同時に、土地・建物を買うための住宅ローン、現金を引き出したカードローンに未返済額が残っていれば、それも引き継がなければなりません。

土地・建物などのプラスの財産を「積極財産」、住宅ローンなどのマイナスの財産を「消極財産」といいますが、「一切の権利義務」とあるとおり、積極財産も消極財産も相続することが必要です。

もっとも、積極財産より消極財産が大きいと、相続人は借金を背負うことになります。そのようなことにならないように、相続放棄や限定承認の制度があることは、前に説明したとおりです（↓P40）。

積極財産も消極財産も相続する

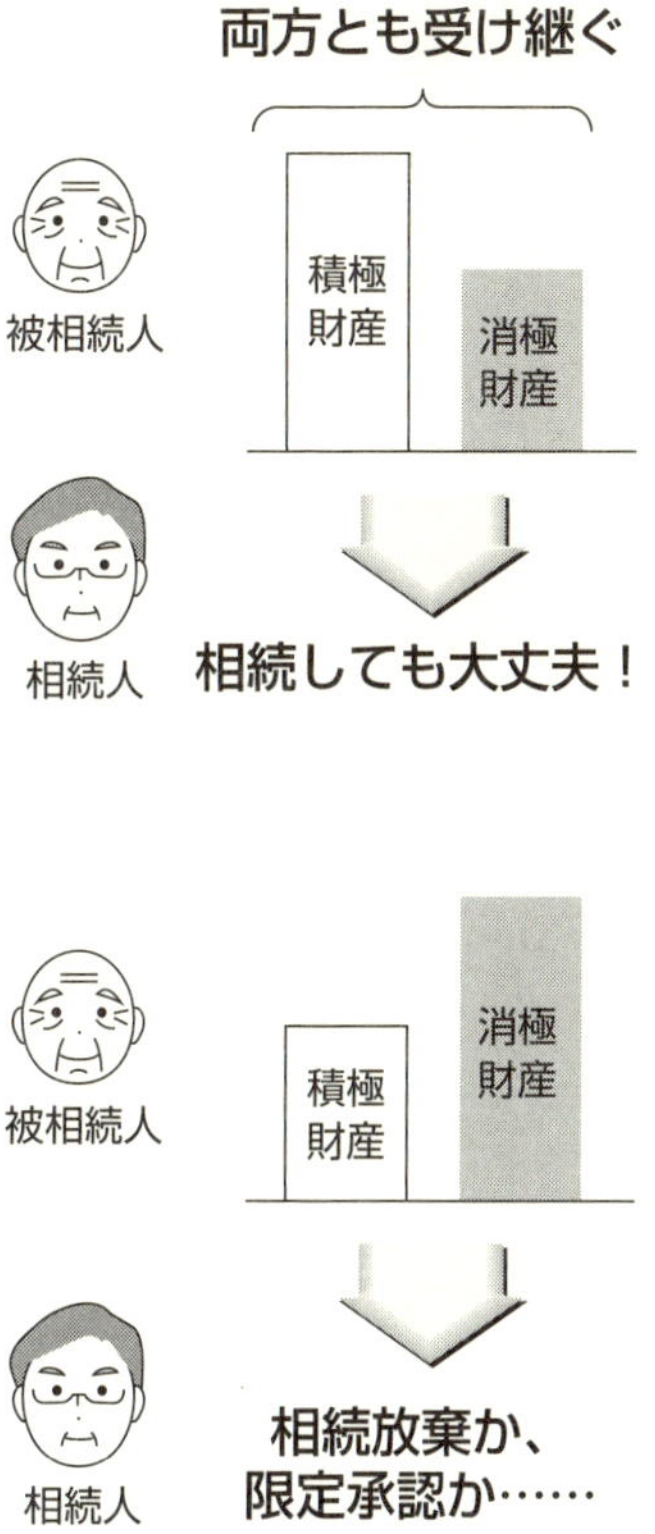

一切を相続します。積極財産だけ、はできません

2

ケース別・「相続人」になるのは誰と誰？

「配偶者相続人」と、「血族相続人」がなる

◉相続順位の最上位が相続人になる

誰と誰が相続をする人――相続人になるかは重要です。それによって、相続財産の分け方も違ってきます。そこで民法では、相続人となる範囲を具体的に定めています。その範囲とは、**「配偶者相続人」と「血族相続人」**です。配偶者はいうまでもなく、夫から見た妻、妻から見た夫になります。一方、相続人になる血族は、直系の子と孫などと、直系の父母・祖父母、それに兄弟姉妹までです。いとこや、おじ、おばといった血縁関係は、たとえほかに相続人がいなくても、相続人になりません。

配偶者相続人が存命の場合は、配偶者は常に相続人になります（→P52）。血族相続人が複数いる場合は、ケースによって相続人は様々です。**続柄によって「相続順位」が決まっており、より上位の血族が相続人になります**。たとえば左の図で、第1順位の子がいたとすると、第2順位以下の父母、兄弟姉妹は相続人になりません。

「相続人」はどこまで？　相続順位は？

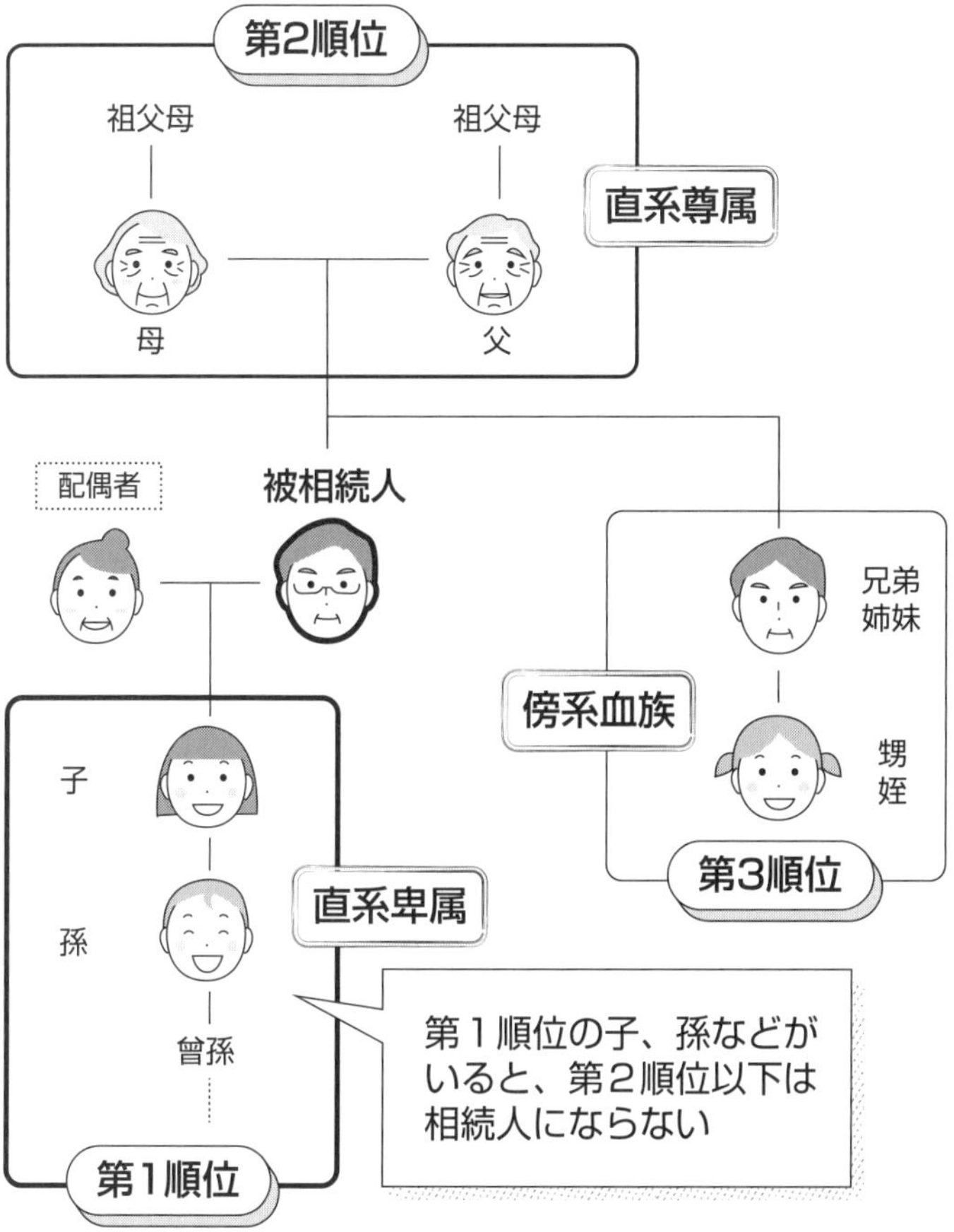

子、孫などが第１順位の相続人
配偶者は常に相続人になります

第1順位の子がいなくて、第2順位の父母がいた場合は、第3順位の兄弟姉妹は相続人にならないわけです。兄弟姉妹が相続人になるのは、子も父母もいない場合だけです。同じ順位の相続人が複数いる場合、たとえば子が3人いた場合は、3人が平等に相続人になります。被相続人に前妻（前夫）との子がいた場合も、平等に相続人です。

●養子や胎児、孫、祖父母が相続人になることもある

以上を基本として、様々なケースに応じた定めがあります。

まず、養子縁組をした養子、出生前の胎児も相続人になります。法的な婚姻関係にない男女の間に生まれた子（非嫡出子→巻末❺）も、条件付きで相続人になることが可能です。また、妻や夫（配偶者）は、民法で「常に相続人となる」と定められており、必ず、血族相続人の最上位とともに相続人になります。

さらに、相続人になる人が被相続人より先に死亡していた場合は、その子などが相続人になる制度があります。**「代襲《だいしゅう》相続」**というものです。「襲」の字には、〝襲名〟のように、受け継ぐという意味があります。

たとえば、孫が相続人になるケースは、この代襲相続の制度によるものです。孫の親である子が先に死亡していた場合に、孫が受け継いで相続人になります。子や孫などの直系

卑属では、ひ孫・やしゃごなど、世代が続いている限り代襲相続が可能です。

しかし、兄弟姉妹の代襲相続では、甥・姪までとなっています。

祖父母は代襲相続ではありませんが、直系尊属として、父母が先に死亡していた場合に相続人になる人です。直系尊属も直系卑属と同様、曾祖父、曾祖母と生存している限り相続人になる可能性があります。

ケース別・相続人になる人

養子は相続人になる

養子縁組をした養子は、実子と同じ第1順位の相続人になる

胎児も相続人になる

胎児にも相続権がある。
死産では、初めからいなかったのと同じ扱いになる

非嫡出子も相続人になる

父親が認知して届け出ていれば、嫡出子と同じ第1順位の相続人

代襲相続など

- 子が先に死亡した場合の孫など（直系卑属）
- 兄弟姉妹が先に死亡した場合の甥・姪
- 父母が先に死亡した場合の祖父母など（直系尊属）

相続する人が先に死亡したときは代襲相続の制度も

3

相続できない人、させたくない人がいる場合

↓「相続欠格」「相続廃除」として資格をなくすケースもある

相続順位がいくら上位でも、ひどい行ないをした人は相続人になれません。民法は、左の図上の5種類の行為をした者をあげて「相続人となることができない」と定めています。これを「相続欠格」といい、その者を**「相続欠格者」**と呼びます。

5種類のうち2種類は、被相続人（になる人）や相続順位が自分と同じか上の人の生命に対する侵害であり、3種類は遺言行為に対する違法な干渉です。

このような行為を行なった者を相続欠格者とするには、とくに手続きは必要ありません。行為を行なっただけで、相続人から除外される決まりです。ただし、当人が相続欠格を不当として相続権確認請求訴訟を起こすと、裁判所での争いになります。

一方、**被相続人（になる人）が〝アイツには相続させられない〟と考えた場合には、相続人からその者を除く制度もあります**。民法では「推定相続人の廃除」といい、一般に「相続廃除」と呼ばれている制度です（推定相続人→巻末❸）。

相続廃除は、被相続人が家庭裁判所に請求して行ないます。遺言書に、廃除を請求する旨を書いておく方法でも可能です。請求ができる場合として、民法は左の図下の３つの行為をあげています。ただし、被相続人が考えを変えたときは、取消しも可能です。

なお、相続欠格も相続廃除も、当人に対象を限った制度なので、その者の子や孫は代襲相続をすることができます。

こんな人は相続人になれない、させない

相続欠格者

- 被相続人または自分と同順位以上の相続人を死亡させたり、死亡させようとしたために刑に処せられた者
- 被相続人が殺害されたことを知りながら告発・告訴しなかった者
- 詐欺や脅迫によって、被相続人の相続に関する遺言、その撤回、取消し、変更を妨げた者
- 詐欺や脅迫によって、被相続人の相続に関する遺言、その撤回、取消し、変更をさせた者
- 被相続人の相続に関する遺言を偽造したり、変造したり、破棄したり、隠匿した者

相続廃除

- 被相続人に対して虐待をした
- 被相続人に対して重大な侮辱を加えた
- その他の著しい非行があった

相続廃除は被相続人になる人だけができます

4

相続する割合は、どうやって決まるのか？

↓相続財産の取り分（相続分）は４種類ある

相続人が複数いる場合、誰がどれだけの割合の財産を受け継ぐかが問題です。相続する財産に対して、それぞれの相続人が持っている権利の割合を「相続分」といいます。民法で定めている相続分は、主に４種類です。

相続分というと、最もよく耳にするのは**「法定相続分」**でしょう。これは、被相続人の遺言がない場合に、相続人が財産を分ける話し合いで目安になる割合です。民法で具体的な割合を定めています（↓P58）。

しかし、被相続人の遺言があって、相続人ごとの割合などが指定されている場合は、そちらが優先されます。これを**「指定相続分」**といいます（↓P62）。指定相続分は、法定相続分に関係なく被相続人が決めるものです。

また、生前に財産を贈与された人や、遺言で財産を与えられた人は、その分、相続分を修正して減らされることがあります。これを「**特別受益者相続分**」といいます（→P64）。

逆に、生前に仕事を手伝うなどして、被相続人の財産を増やすことに貢献した人は、相続分にプラスして修正されることもあります。これは「**寄与分**」です（→P66）。**特別受益と寄与分は、まずは相続人同士の話し合いで決める**ようにします。話し合いがまとまらないときは、家庭裁判所の調停に持ち込まれることになります。

民法が定める「相続分」は4種類

遺言がなく話し合いで決めるとき（目安）

法定相続分

遺言で割合が指定されているとき

指定相続分

生前に贈与された人などがいるとき

特別受益者相続分

被相続人の財産形成に貢献した人がいるとき

寄与分

相続分とは相続財産に対するそれぞれの相続人の権利の割合のことです

5 ケース別・「法定相続分」による財産の分け方

⬇相続人の組み合わせにより法定相続分は変わる

◉法定相続分は財産の分け方の目安

法定相続分と聞くと、みんなが従わなければならない財産の分け方のように思えますが、そういうわけではありません。遺言がなくて、相続人が話し合いをするときの目安になるものです。ですから、**法定相続分どおりに分けてもかまいませんが、相続人全員が合意すればまったく違う分け方をすることも可能**です。

法定相続分は相続税の計算にも使われるし、財産の分け方が裁判所での争いになってしまったときの基準にもなります。重要なので、ここでしっかり押さえておきましょう。

◉ケース別・法定相続分の割合

法定相続分は、誰と誰が相続人かで割合が違ってきます。

●ケース①相続人が〔配偶者と子〕（直系卑属）

最も基本的なケースと思われますが、法定相続分は配偶者が２分の１、子が２分の１に

「法定相続分」はどんな割合になる？ ①

ケース① 相続人が配偶者と子（直系卑属）

配偶者	子
$\frac{1}{2}$	$\frac{1}{2}$

●子は全員で2分の1。
複数いるときは2分の1を人数で割る

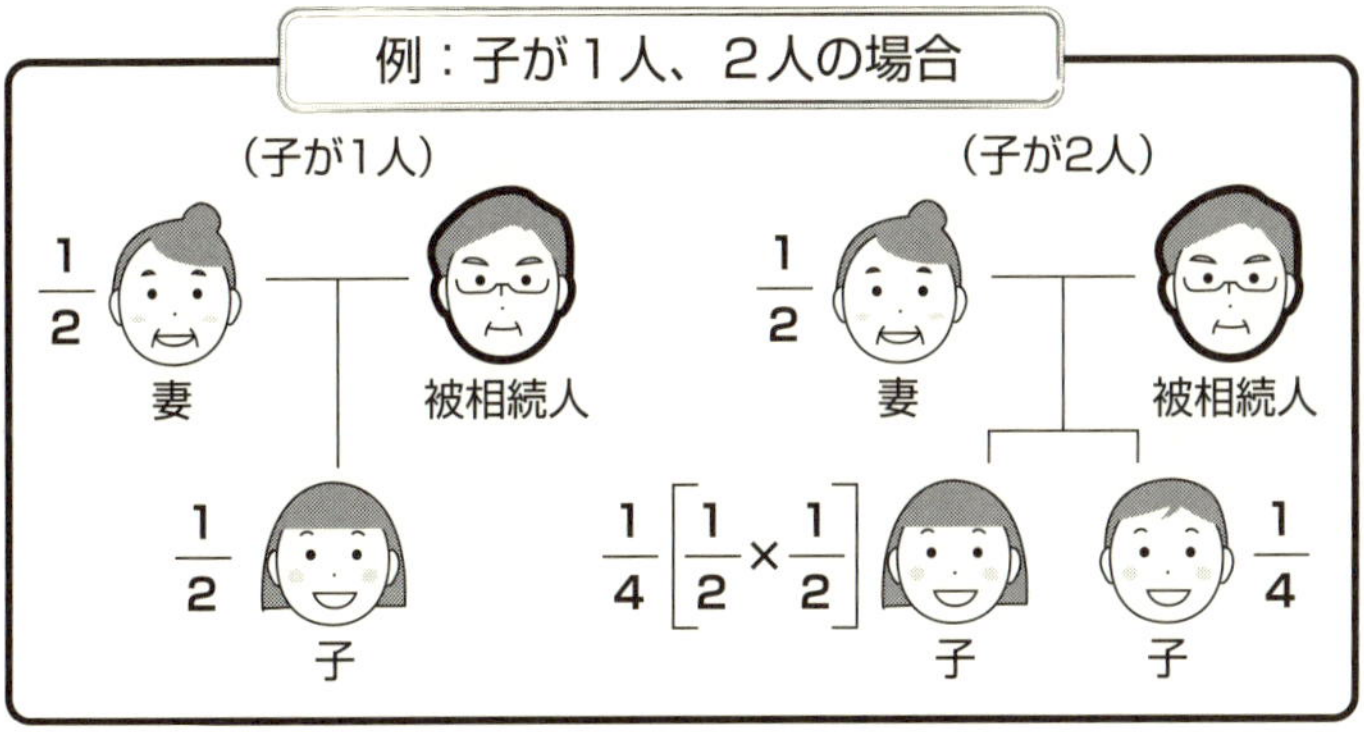

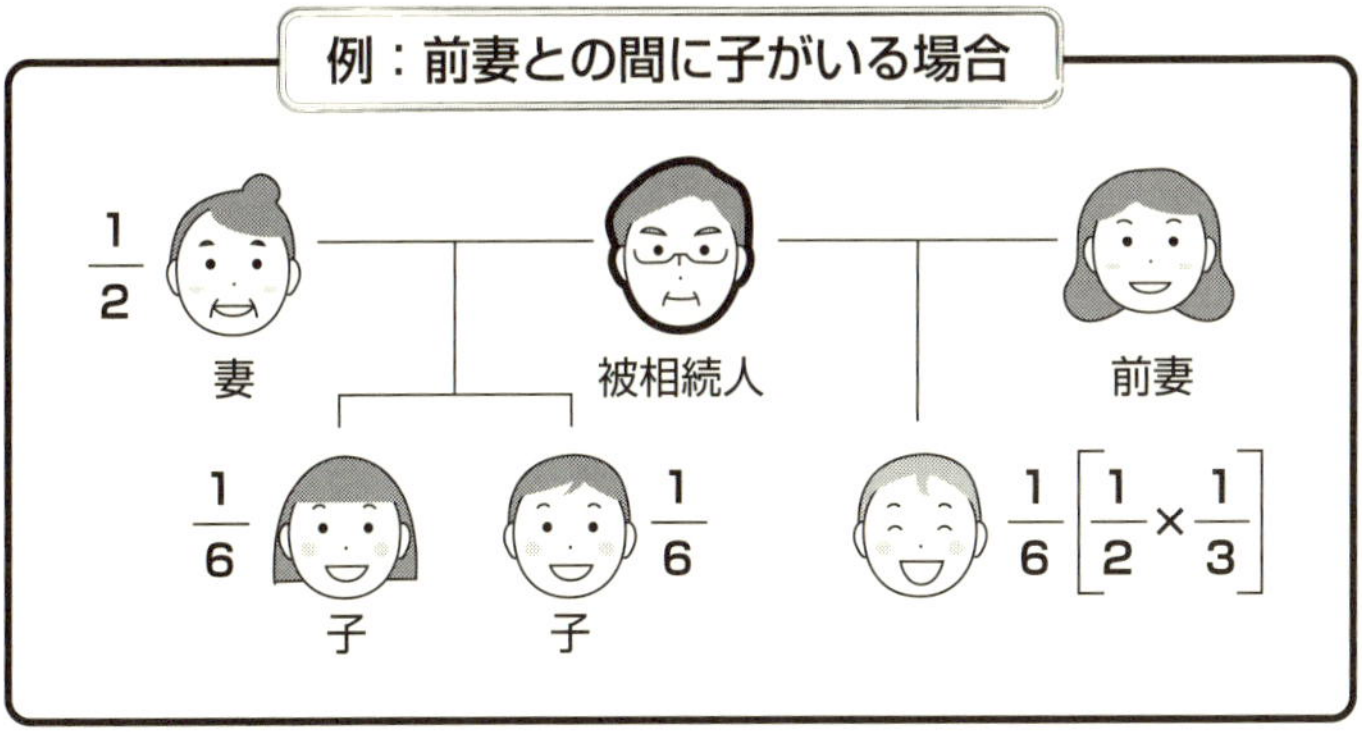

なります。子は、全員で2分の1なので、複数いるときは子の相続分2分の1を人数で割るしくみです。たとえば、子が3人いたとすると、2分の1の3分の1で、1人当たりの相続分は6分の1になります。前妻（前夫）との間に子がいる場合も同様です。

●ケース②相続人が〔配偶者と父母（直系尊属）〕

直系尊属の場合は、配偶者が3分の2、父母などが3分の1になります。父と母は1人ずつ勘定するので、父母ともに健在なら3分の1の2分の1で、1人当たりの法定相続分は6分の1です。実父母か養父母か、祖父母が父方か母方かは問いません。

●ケース③相続人が〔配偶者と兄弟姉妹（傍系血族）〕

配偶者が4分の3、兄弟姉妹が4分の1になります。兄弟姉妹が複数の場合は、他と同様に均等に分けます。

ただし、兄弟姉妹のうちに、父・母どちらか一方のみを同じくする兄弟姉妹（半血兄弟）がいる場合、その人の相続分は、父・母両方を同じくする兄弟姉妹（全血兄弟）の2分の1です。

なお、代襲相続人の相続分は、本来相続するはずだった人の割合を引き継ぎます。代襲相続人が複数いるときに、その人数で割る点も同じです。

「法定相続分」はどんな割合になる？ ②

ケース② 相続人が配偶者と父母（直系尊属）

配偶者	父母
$\frac{2}{3}$	$\frac{1}{3}$

●実父母、養父母の区別なく
３分の１を人数で割る

ケース③ 相続人が配偶者と兄弟姉妹（傍系血族）

配偶者	兄弟姉妹
$\frac{3}{4}$	$\frac{1}{4}$

●半血兄弟がいる場合は、
全血兄弟の相続分の２分の１

例：被相続人に異母兄がいる場合

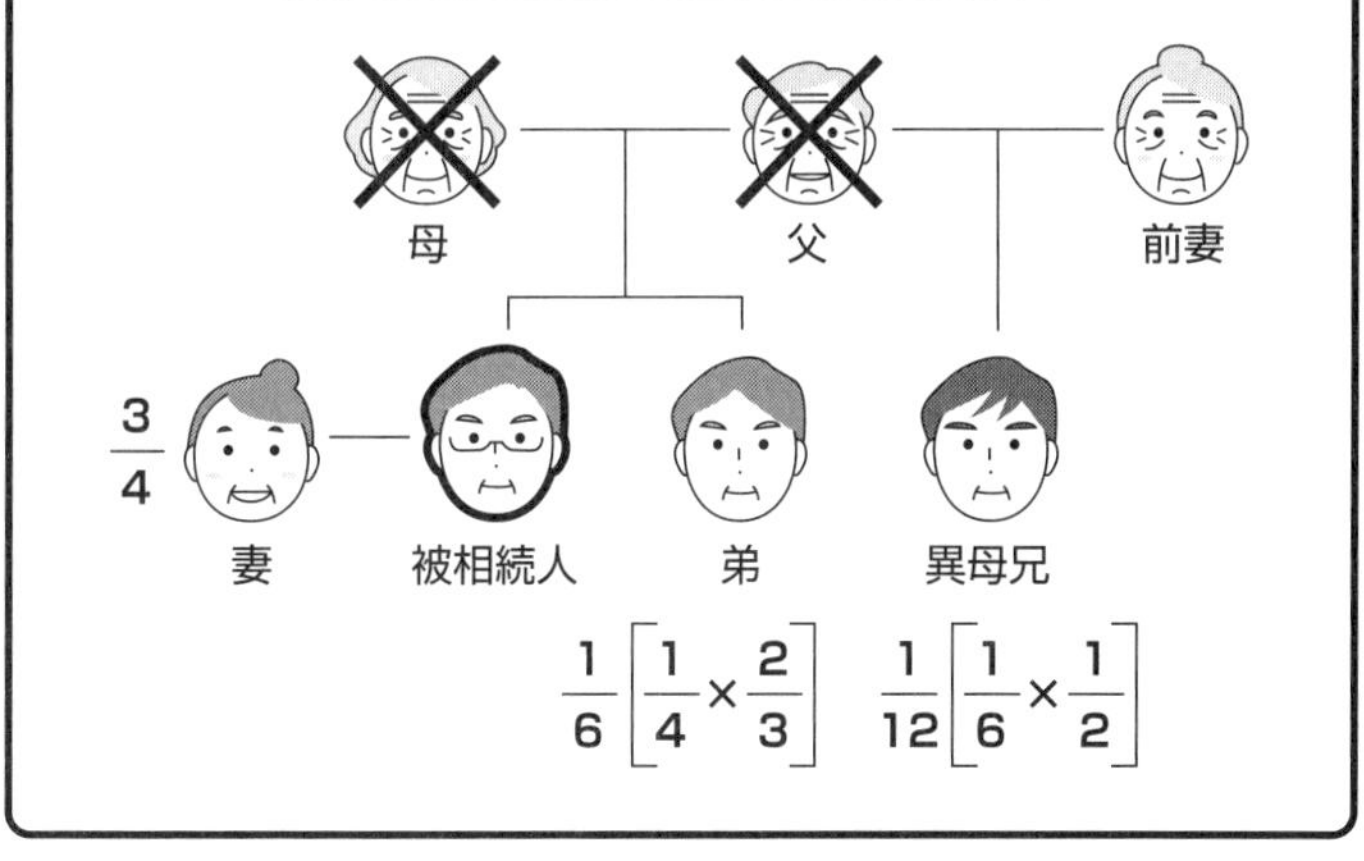

6 自分で分け方を指定したいときはどうする？

↓遺言に「指定相続分」を記載しておけばよい

法定相続分は、目安ではありますが、〝一般的にはこうであろう〟という妥当な割合になっています。ですから、遺産の分け方を話し合うときに、これを基礎として、ここから話し合いをスタートさせると、遺産を受け継ぐ側は誰もが納得しやすいといえます。

しかし、遺産を遺す側はどうでしょう。「財産の８割は妻の老後のために遺したい」「あの土地建物は長男に継いでもらいたい」「嫁いだ娘には……」などなど、法定相続分とは違った様々な思いがあるはずです。

財産を遺す人（被相続人）が、遺す財産を誰に、どれくらい、どのように引き継いでもらいたいと考えるのは、当然のことといえます。

そこで、その考えを**遺言として書面で残し、各相続人の相続分を指定することも認められています**。これが「指定相続分」です。指定相続分は、「長男○○の相続分は△分の１」「次男□□の相続分は……」など、法定相続分と異なる割合を指定する方法です。

一方、具体的にどの遺産をどの相続人に相続させるか、遺言で指定することもできます。「下記不動産を長男○○に……」「△△銀行の定期預金を次男□□に……」などと遺言に残すもので「遺産分割方法の指定」という方法です。

指定相続分では、分ける割合だけを指定するので、不動産、現金・預金、有価証券といった具体的な財産をどう分けるかは、相続人が話し合って決めることになります。

その点、遺産分割方法の指定では、どの財産を誰に遺したいか、被相続人の思いをより具体的に指定することが可能です。

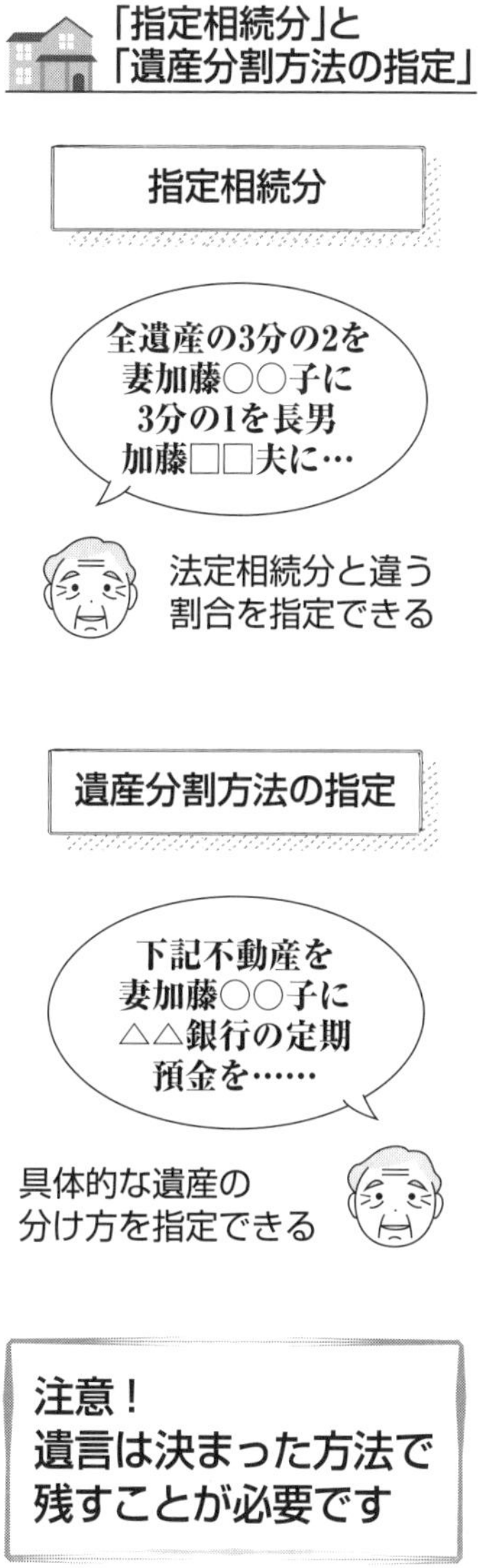
「指定相続分」と「遺産分割方法の指定」
指定相続分
全遺産の3分の2を妻加藤○○子に3分の1を長男加藤□□夫に…
法定相続分と違う割合を指定できる
遺産分割方法の指定
下記不動産を妻加藤○○子に△△銀行の定期預金を……
具体的な遺産の分け方を指定できる
注意！
遺言は決まった方法で残すことが必要です

7

生前に財産をもらった人にも相続分はあるか?

「特別受益」の分は相続分から減らされる

遺言で財産を遺す以前に、子どもの結婚や事業の資金として、生前贈与をするのはよくある話です。しかし、兄弟姉妹のうち特定の人だけが、生前贈与をもらっていたらどうでしょうか。あるいは、特定の人だけに遺言で財産を贈る（遺贈→P84）指定があったら、どうでしょうか。

これらは「特別受益」といい、受けた人を「特別受益者」と呼びますが、特別受益者も同じ指定相続分や法定相続分になるのは、かえって不平等です。そこで、**特別受益があった場合は、左の図のような計算をして特別受益者の相続分を修正する**ことになっています。

特別受益になるかどうかは、民法に「遺贈を受け、又は婚姻若しくは養子縁組のため若しくは生計の資本として」とあり、遺贈や結婚資金の受贈が特別受益になることがわかります。

そのほか、住宅購入資金や事業資金の受贈が「生計の資本」として特別受益になります。

「特別受益者」の相続分の計算は?

●夫（被相続人）の死亡時の遺産：8000万円
（このうち長女に対する遺贈額500万円）
●相続人：妻、子3人
●生前贈与：次男1000万円

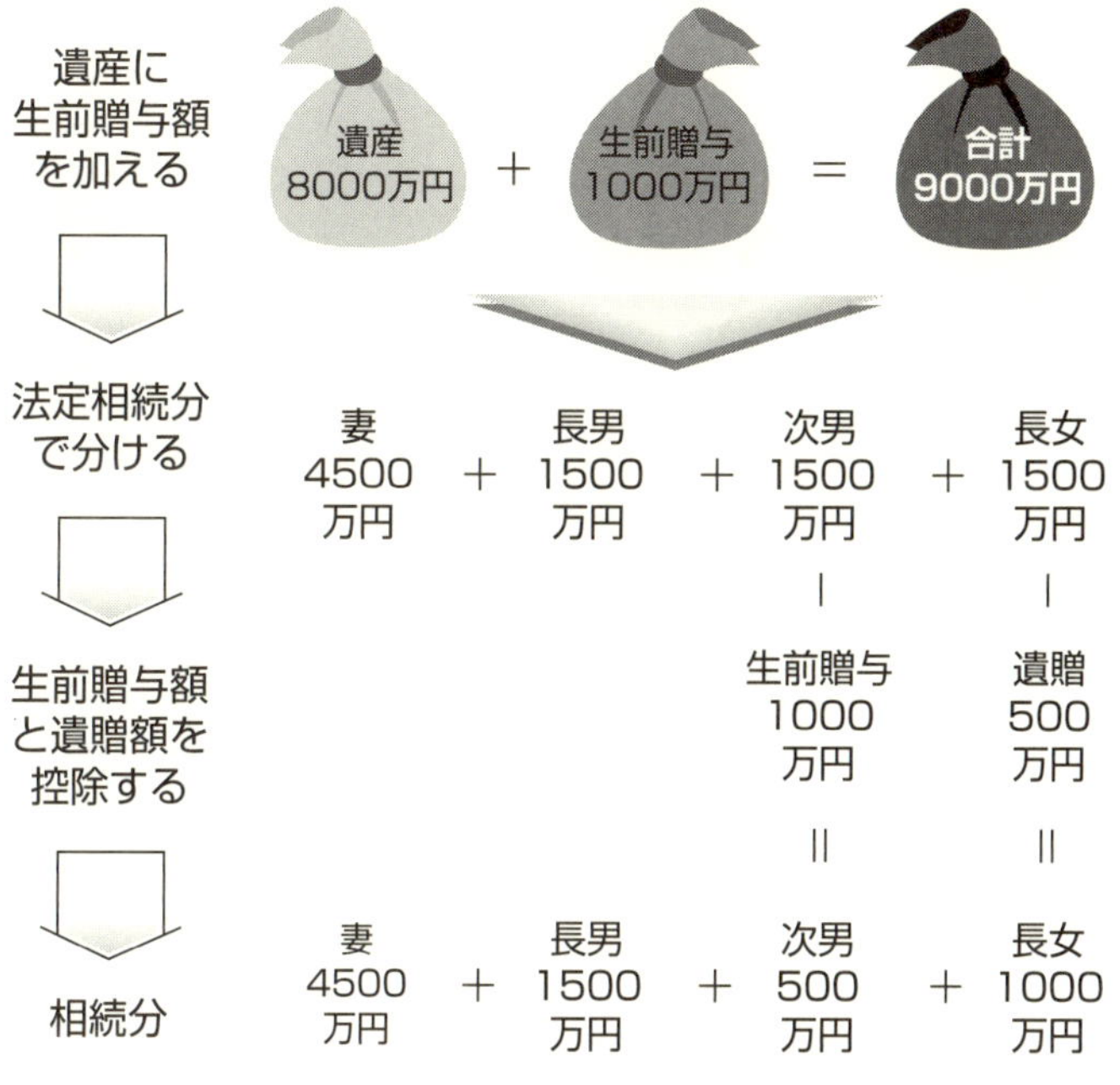

生前贈与をいったん遺産に戻し
分けてから生前贈与と遺贈を引く
というのが基本的な考え方です

8

財産をつくるのに貢献した人はその分もらえる？

↓相続人の話し合いで「寄与分」をプラスすることも

特別受益とは逆に、特定の相続人が被相続人の財産を減らないようにしたり、増やしたりすることもあるでしょう。そのような場合も、他の相続人と同じ相続分になるのは、逆の意味で不公平です。そこで、**被相続人の財産の維持・増加に貢献した分を「寄与分」として認める**制度があります。

ただし、身の回りの世話をするといった、誰でも当たり前にしている貢献ではなく、「特別の寄与」であることが必要です。寄与分が認められるには、主に左の図上のような条件があります。相続人であることが条件なので、たとえば被相続人の息子の嫁といった立場では、寄与分は認められません。代わりに、「親族」に限って寄与を認める制度があります（↓68ページ）。

寄与分が認められるケースは、主に左の図下のような5つのパターンです。

寄与分をプラスする計算は、特別受益と同じ考え方で行ないます。ただし、遺産にプラスするのでなく、マイナスをして残りを相続人で分ける計算です。マイナスした分は、最後に寄与をした人の相続分にプラスします。

寄与分の主張は、相続の手続きの中でも〝もめる〟ケースが多いものです。

寄与があったかどうか、あったとしたら寄与分の金額はどれくらいかは、相続人が話し合って決めます。話し合いがまとまらないときは、裁判所の調停に進むことになります。

「寄与分」が認められるためには?

●寄与分が認められる主な5つの条件

①相続人であること
②被相続人の財産の維持・増加に貢献したこと
③通常のものでない「特別の寄与」であったこと
④無償または無償に近かったこと
⑤継続性があったこと

この条件を満たしていると主に以下のパターンで寄与分が認められることがある

●寄与分が認められる主な5つのパターン

①家業従事型：被相続人の家業を手伝っていた
②金銭出資型：被相続人の事業に出資などをしていた
③療養介護型：被相続人の介護などをしていた
④扶養型：被相続人の生活費を援助していた
⑤財産管理型：被相続人所有の財産を管理していた

その②〝息子の嫁〟は「特別寄与料」がもらえる？

会社員の吉田さん（仮名）は、仕事にかまけて、父親の介護を奥さんに任せきりにしていることを常々、申し訳なく思っていました。せめて、相続の際には財産の一部を、と考えていたのですが、子どもの配偶者には相続権がないことは知っていました。

そこで、父親に遺言を書いてもらうよう頼んでいたのですが、父親は遺言を残す前に亡くなってしまったのです。

諦めていた吉田さんですが、四十九日の法要の席で、弟夫婦から「特別寄与料」の制度があることを教えられました。弟は、こう言ったそうです。

「オレたち夫婦も、お姉さんには感謝してるんだよ。遠くに住んででて、なかなか来れなかったから、せめて特別寄与料くらい取ってよ」

それを聞いた吉田さんは、思わず涙が出そうになったといいます。

吉田さんのケースでは、弟さんがいい人で、もめずに済みました。しかし、「寄与」は相続のうちでももめることが多いものです。自分の家族などに寄与があった場合や、誰か他の相続人がそうした主張をした場合のために、**法律上、特別寄与料の制度があることを**

知っておきましょう。

特別寄与料は、寄与分と似た制度ですが、相続分を増やすものではありません。寄与をした人が、相続人に請求して金銭で受け取るものです。対象となるのは、相続人でない「親族」とされています。民法の定めによれば、親族とは6親等内の血族、配偶者、３親等内の姻族です。息子の嫁は、１親等の姻族ですから、吉田さんの奥さんは充分に親族に入ります。

特別寄与料は相続ではなく、被相続人からの遺贈という形をとります。受け取る人は、1親等の血族、配偶者以外となるため、相続税の2割加算（↓巻末❶）の対象になります。注意したいのは、寄与をした人が相続人に請求する場合、期限があることです。相続の開始および相続人を知ったときから6カ月または相続開始から1年で時効となります。

なお、特別受益と寄与分についても、２０２３年の４月から、主張できる期限が設けられました。相続開始から10年経過すると、特別受益、寄与分の主張ができなくなります。ただし、5年間の経過措置があるので、２０２３年４月１日より前に開始した相続では、相続開始から10年経過したときと、法律の施行日から5年経過した２０２８年４月１日の、どちらか遅いほうが期限です。

9

借金のほうが多いときは、どうしたらよいか？

⬇相続の放棄などの手続き、期限を知っておこう

特別受益、寄与分に限らず、相続の手続きは期限が決まっているものがほとんどです。期限までに手続きできないと、制度が利用できなかったり、ペナルティがあったりします。だからこそ、〝もめない〟ことが大切です。裁判所の調停までいかなくても、話がこじれて時間をとられると、様々な期限に間に合わないことになります。

そもそも、**相続するかしないかの判断にも、期限と手続きがあります**。相続しないのが前にも説明した「相続の放棄」ですが、相続放棄をするためには、相続の開始を知った日から3カ月以内に、手続きをしなければなりません。「申述書」（→巻末❸）というものを、被相続人の住所地の家庭裁判所に提出する必要があります。相続するプラスの財産よりマイナスの財産のほうが多いとわかっているときは、この手続きをすることになるでしょう。

一方、相続することは**「相続の承認」**といいますが、2つの承認の仕方があります。ひとつは前にも説明した「限定承認」で、プラスの財産の範囲内でマイナスの財産を相続するものです。これには、同じく3カ月以内に、被相続人の住所地の家庭裁判所に申立てを

する必要があります。限定承認にはまた、相続人全員の合意が必要です。

もうひとつは、単純にプラスの財産もマイナスの財産もすべて相続するもので「単純承認」といいます。単純承認でも、相続税がかかる場合は、相続税申告書を作成して申告・納税しなければなりません（→第5章）。その期限は10カ月以内です。

3カ月以内に相続の放棄か限定承認の手続きをしない場合、単純承認とみなされます。

相続の放棄、限定承認には期限がある

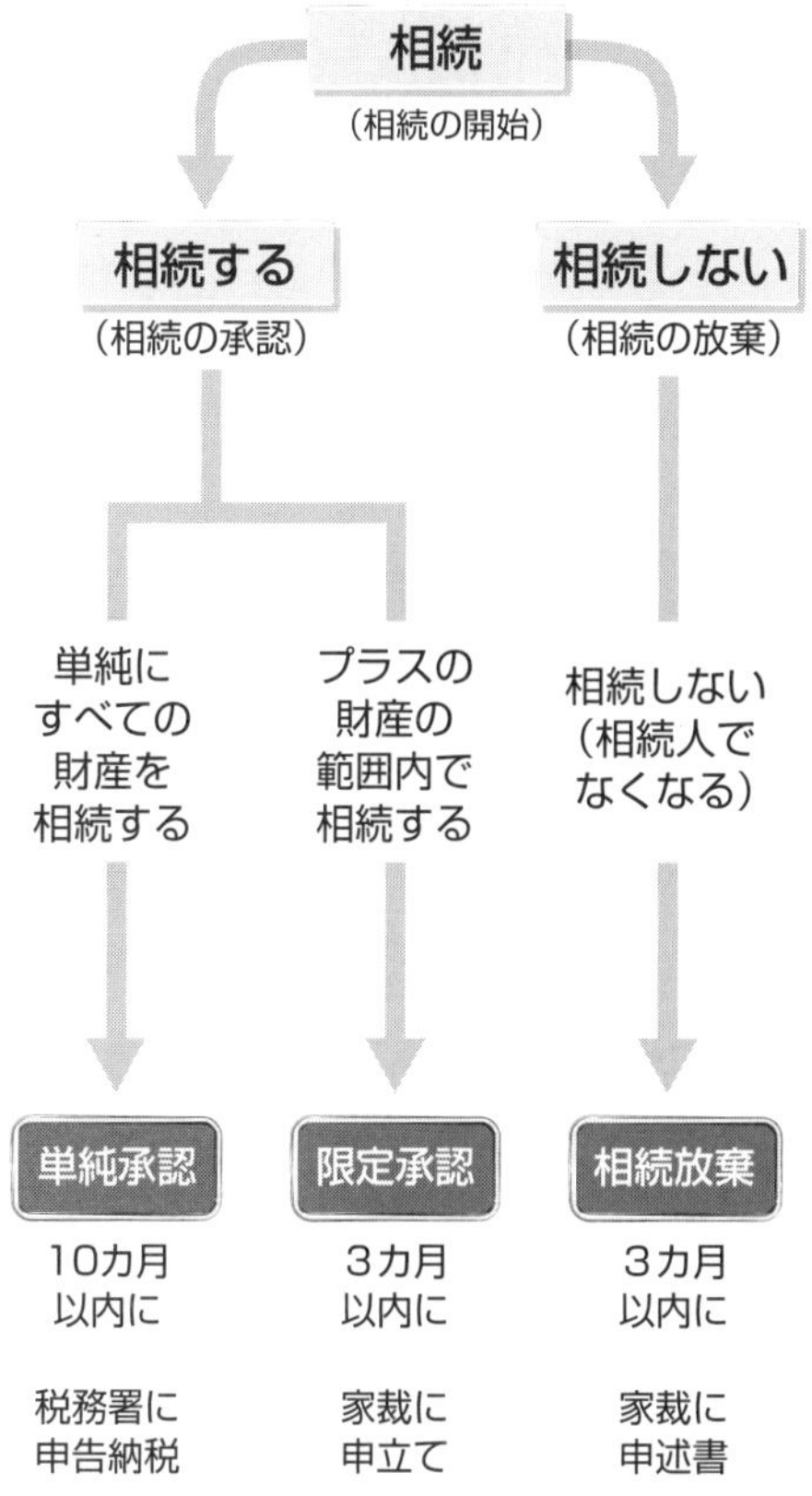

相続するかしないか決めて手続きをするのは3カ月以内に！

10

他人に全財産を譲る遺言は有効か？

配偶者や子などは「遺留分」が請求できる

人が自分の財産をどう使おうが自由なので、**遺言による遺贈で何を指定しようが、基本的には自由**といえます。しかし、残された妻や子どもに何も遺さないような、ムチャクチャな遺言、遺贈となると話は別です。いくら被相続人の望みだといっても、認めるわけにはいきません。

そこで民法は、どんな遺言があっても相続人が最低限相続できる分を定めています。これが**「遺留分《いりゅう》」**です。遺留分の定めがあることにより、遺産の一定割合は必ず、本来の相続人に遺せることになります。

遺留分は、大ざっぱにいうと、遺産の2分の1を本来の相続人が取り戻せるしくみです。ただし、法定相続人が直系尊属のみの場合は、3分の1になります。また、遺留分の権利があるのは「兄弟姉妹以外の法定相続人」と定められているので、相続人が兄弟姉妹のみの場合は権利がありません。

遺留分を侵害されたときは、贈与や遺贈を受けた者に対して侵害額に相当する金銭の支払いを請求することができます。これが「遺留分侵害額の請求」と呼ばれるものです。配達証明付きの内容証明郵便で請求すると、請求を行なった証拠が残ります。相手が請求に応じないときは、家庭裁判所に調停を申し立てることになります。

なお、遺留分侵害額の請求にも、期限があるので注意しましょう。その期限とは、遺留分の侵害を知った日から1年です。また、慰留分侵害額の請求権を行使しないまま1年が経過すると時効になり、さらに相続開始から10年が経過すると、遺留分が侵害されていることを知らなかったとしても時効が完成します。

「遺留分」は財産の2分の1が基本

全遺産を愛人○○○○に遺贈する……
遺言があっても妻や子などの法定相続人は遺留分を取り戻せます

遺留分

基本　財産の	1/2
直系尊属のみ	1/3
兄弟姉妹のみ	なし

遺産の一定割合が相続人に遺されます

11

「遺産分割」は、どのように行なうのか？

↓「現物分割」「換価分割」など４つの方法がある

相続では、被相続人が死亡した時点で、相続が開始したと考えます（↓P48）。その時点で、被相続人の財産は相続人に移っているわけですが、まだすべての財産が相続人の共有の状態です。いずれは実際の財産を、相続人の間で分配しなければならないでしょう。この分配の手続きを「遺産の分割」といいます。

実は、民法には遺産分割の期限が定められていません。そのため、あまりしたくない話し合いであることも手伝って、先延ばしにするケースも多いようです。しかし、相続税の申告期限までに遺産分割が決まっていないと、受けられない特典もあります（↓P46）。先延ばしせずに、決定しておきましょう。

遺産分割と聞くと、誰それに不動産、誰それには有価証券と、具体的な財産を分けるように思いますが、それだけが遺産分割の方法ではありません。

①「現物分割」は具体的なモノを分ける

誰それに○○と分ける方法です。相続ではおそらく最も広く一般的に行なわれています。

②「換価分割」は金銭に換えて分ける

財産を現金化して分けます。現物分割ができない遺産などで、この方法をとります。

③「代償分割」は相続分を金銭で支払う

土地などは、細かく分けることにより価値が下がることを防げる場合があります。

④「共有分割」は財産を共有名義にする

その土地を複数の相続人が欲しがっている場合などに、とられる方法です。売却や賃貸をしようとすると、共有者間で意見が対立してトラブルに発展することがあります。

「遺産分割」の4つの方法

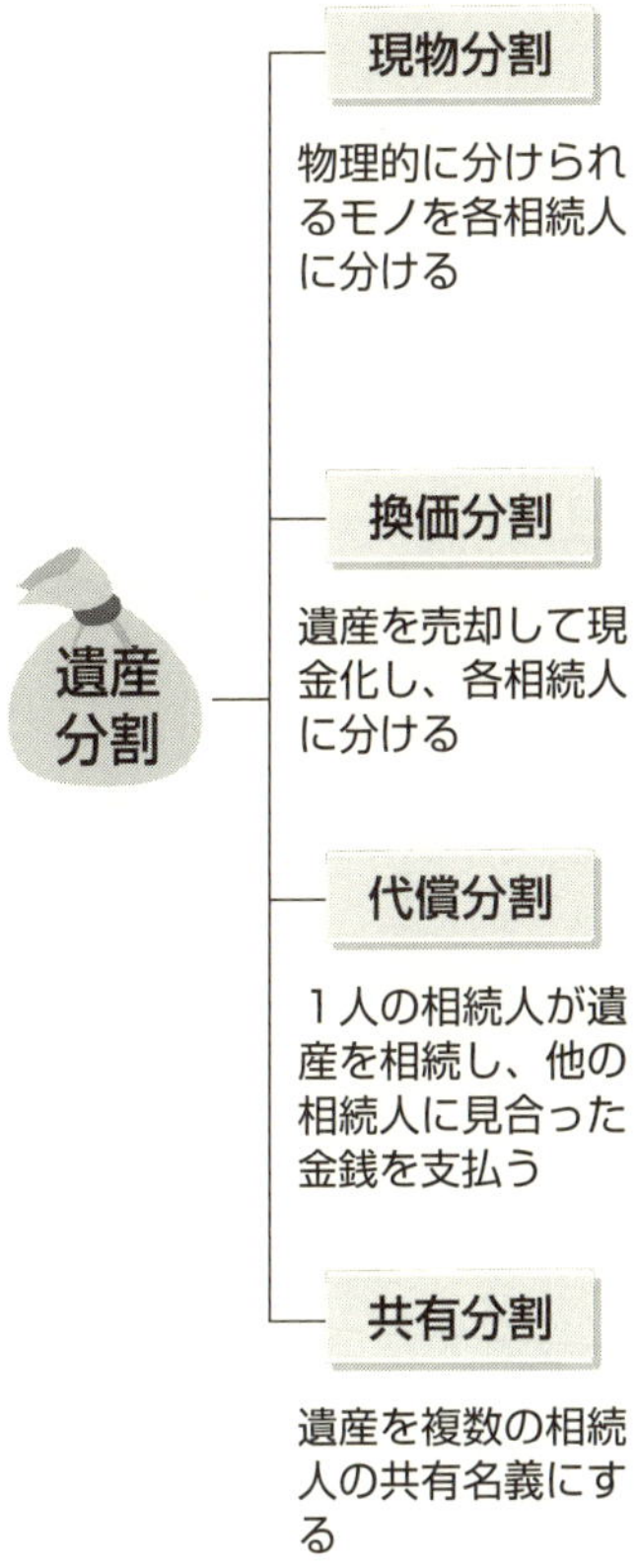
遺産分割
現物分割
物理的に分けられるモノを各相続人に分ける
換価分割
遺産を売却して現金化し、各相続人に分ける
代償分割
1人の相続人が遺産を相続し、他の相続人に見合った金銭を支払う
共有分割
遺産を複数の相続人の共有名義にする

具体的なモノを分けるだけが遺産分割ではありません

12

遺産分割がまとまらないときはどうするか？

↓家庭裁判所の「調停」、それもダメなら「審判」

◉——話し合いがまとまったら「遺産分割協議書」

遺産分割が済むまで、すべての遺産は相続人全員が共同で相続している状態になります。この状態の相続人を「**共同相続人**」といい、共同相続人が遺産をどう分けるか、その話し合いが「**遺産分割協議**」です。民法は「いつでも、その協議で」遺産を分割できると定めています。つまり、遺産分割は共同相続人の遺産分割協議で決めるのが原則です。

遺産分割協議が無事にまとまったら、左のような「**遺産分割協議書**」を作成します。義務ではありませんが、相続登記や相続税の申告で必要です。

もっとも、話し合いがうまくいくケースばかりとは限りません。**共同相続人のひとりだけでも、合意しなければ協議は成立しません**。あるいは、話し合いに応じない相続人がいても、協議はできないでしょう。

そのような場合、すなわち「協議が調《ととの》わないとき、又は協議をすることができないと

「遺産分割協議書」とはどのようなものか？

遺 産 分 割 協 議 書

令和○年6月20日，○○市○○町○番地 山田○郎 の死亡によって開始した相続の共同相続人である山田○子，山田○夫及び山田○美は，本日，その相続財産について，次のとおり遺産分割の協議を行った。

相続財産のうち，下記の不動産は，山田○夫（持分2分の1）及び山田○美（持分2分の1）が相続する。

この協議を証するため，本協議書を3通作成して，それぞれに署名，押印し，各自1通を保有するものとする。

令和○年７月１日

○○市○○町二丁目１２番地	山 田 ○ 子 実印（※）
○○郡○○町○○３４番地	山 田 ○ 夫 実印（※）
○○市○○町三丁目４５番６号	山 田 ○ 美 実印（※）

記

不動産

所　　在	○○市○○町一丁目
地　　番	23番
地　　目	宅地
地　　積	123・45平方メートル

所　　在	○○市○○町一丁目２３番地
家屋番号	23番
種　　類	居宅
構　　造	木造かわらぶき２階建
床 面 積	１階　43・00平方メートル
	２階　21・34平方メートル

※遺産分割協議書には、実印を押し、印鑑証明書を各１通添付します。
（法務局がホームページで公開している遺産分割協議書の例から作成
https://houmukyoku.moj.go.jp/）

遺産分割協議がまとまったら
このような遺産分割協議書をつくります

き」は、分割を「家庭裁判所に請求することができる」と、民法は定めています。

具体的には、他の相続人を相手方とした「遺産分割調停申立書」を、家庭裁判所に提出することが必要です。申立人は１人でも複数人でもよく、申立人以外の相続人が相手方になります。

この手続きは、代理人（弁護士）に依頼して行なうのが一般的です。申立てがあると、家庭裁判所が調停の期日を決め、申立人と相手方に呼出状が郵送で届きます。

●まとまらなかったら、いよいよ家庭裁判所へ

「調停」は裁判のようなものではなく、遺産分割の合意ができるように、当事者間の話し合いを促す制度です。家庭裁判所では、まずこの調停での合意をめざします。

民間から選ばれた調停委員２名が立ち会って、まず申立人と相手を別々に調停室に呼び、それぞれの主張や希望を聞くわけです。次に調停委員は、それぞれの主張と希望を相手側に伝え、自分の意見なども交えながら両方が合意できる解決策を探っていきます。１回で話がまとまることは少なく、解決までに半年から１年くらいかかることが多いようです。

調停でも話し合いがまとまらないときは、原則として「審判」という手続きに移行します。審判は、家庭裁判所が遺産分割の仕方を判断するものです。

審判官と呼ばれる裁判官が、当事者から提出された書類や、裁判所の調査官が行なった調査の結果など、様々な資料から判断し、法律に基づいて決定します。この決定が「審判」です。審判には、裁判の判決と同じ効力があります。

審判に不服があるときは、2週間以内に不服の申立てをすると、高等裁判所で再審理をしてもらうことになります。

話し合いがまとまらないと「調停」→「審判」になる

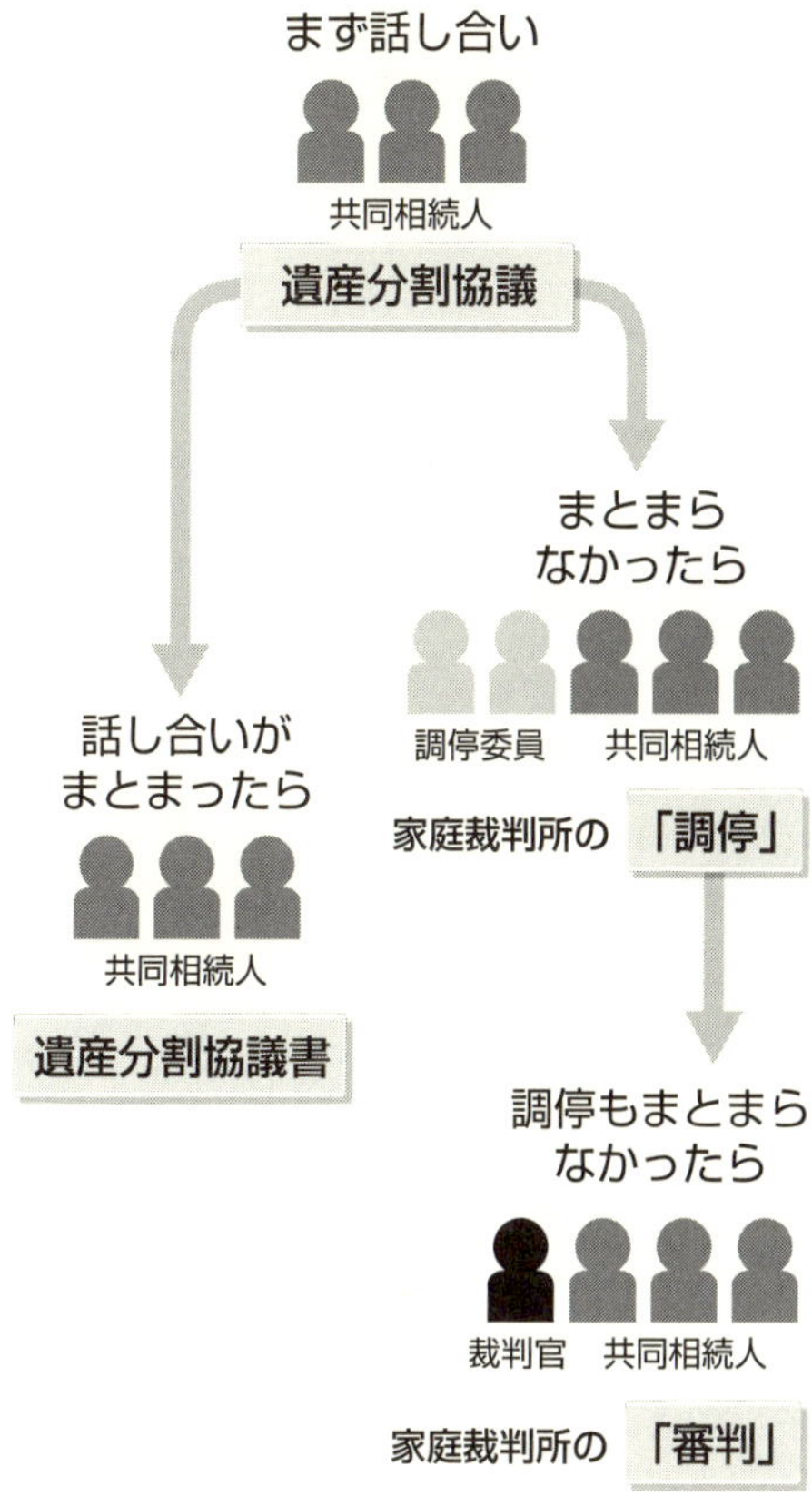

調停は裁判ではなく話し合いを促す制度

13

どのような遺言を残せばよいか？

↓口頭では無効、決められた方式の書面で残す

◉遺言の作成・保管には注意が必要

残された家族が遺産分割でもめないためには、遺言を残すことが有効です。**遺言で財産の分け方を指定しておけば、相続人全員が合意しない限り、遺言と異なる分け方はできません。**遺言どおりに財産が分けられる可能性は、かなり高いでしょう。

ただし、口頭でいわゆる遺言《ゆいごん》を残すのではダメです（↓P62）。決められた方式に従い、書面を作成し、残して、初めて法的に有効な遺言《いごん》になります（遺言《いごん》↓巻末❶）。

遺言を作成したら、保管の仕方にも注意が必要です。簡単に見つかって開封されたりしたら困るし（↓P82）、かといって万が一のときに見つからないのも困ります。しばらくたってから見つかったりすると、相続の手続きを混乱させることにもなるでしょう。

信頼できる友人や、遺言書の作成を頼んだ弁護士に預けたり、銀行の貸金庫に保管する方法があります。「自筆証書遺言書保管制度」を利用すればかなり安心です（↓巻末❸）。

被相続人が、遺言によって財産を分け与えることを「遺贈」といいます。遺贈によって財産を与えた人は「遺贈者」、与えられた人は「受遺者」です。

「贈」の字が付いていますが、遺贈は人の死亡を原因とする財産の移転ですから、贈与税ではなく、相続税が受遺者にかかります。

一般的につくられる遺言は3種類

遺言には、いろいろな方式があります。民法では、計7種類の方式を定めていますが、そのうち4つは「特別方式」といって、死期が迫っているなど、特別な場合のためのもの

遺言によって財産を分け与えるのは「遺贈」

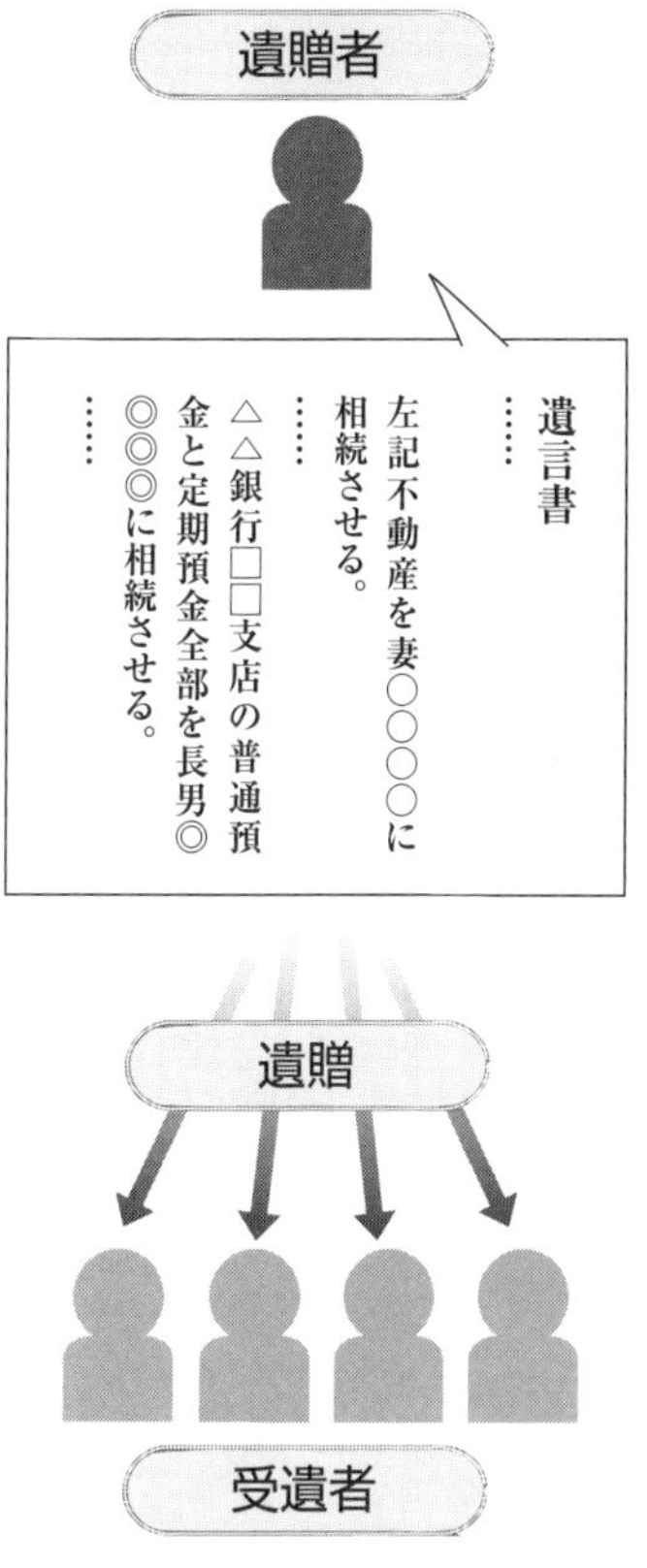

遺贈は人の死亡を原因とする財産の移転なので相続税がかかります

です（↓巻末❺）。一般的に使われる「普通方式」の遺言は3種類あります。

①普通に自分で書くのは「自筆証書遺言」

遺言をする人が本文、日付、氏名を全部、自筆で書いて押印する遺言です。遺言書と聞いて、普通に思い浮かぶのはこれでしょう。

印鑑は実印でなくてかまいませんが、訂正や削除は要注意です。遺言者がその場所を指示し、変更した旨を付記して署名したうえで押印します。これがないと、遺言は無効です。

遺言者が亡くなった後、遺言を見つけた人も注意が必要です。まず封印されているかどうかを確かめ、封印されていたら開封してはいけません。そして、封印のあるなしに関わらず、家庭裁判所に「検認」の申立てをします。

家庭裁判所から検認を行なう日の通知があり、その日に遺言書を提出すると相続人の立会いのもと、そこで初めて裁判官が、封がされた遺言書を開封するわけです。また、遺言書の形状や加除訂正、日付、署名などが記録されます。この手続きが検認です。

②公証人役場で作成してもらう「公正証書遺言」

公証人が遺言者から内容を聞いて、遺言者に代わって遺言を作成してくれる方法です。遺言者は、署名捺印以外何も書く必要がありません。

ただし、２人以上の証人の立会いが必要です。証人には、未成年者、禁治産者、準禁治産者、その他、利害関係がからむ人はなれません。

③代筆やワープロなども使える「秘密証書遺言」

遺言者は署名捺印した遺言書を封筒に入れ、封印するので、遺言の内容を秘密にできます。その封筒を公証人に提出し、証人２人以上の立会いのもと、本人の遺言であることを公証人に証明してもらいます。家庭裁判所の検認が必要な点は、自筆証書遺言と同様です。

一般的に使われる遺言は3種類ある

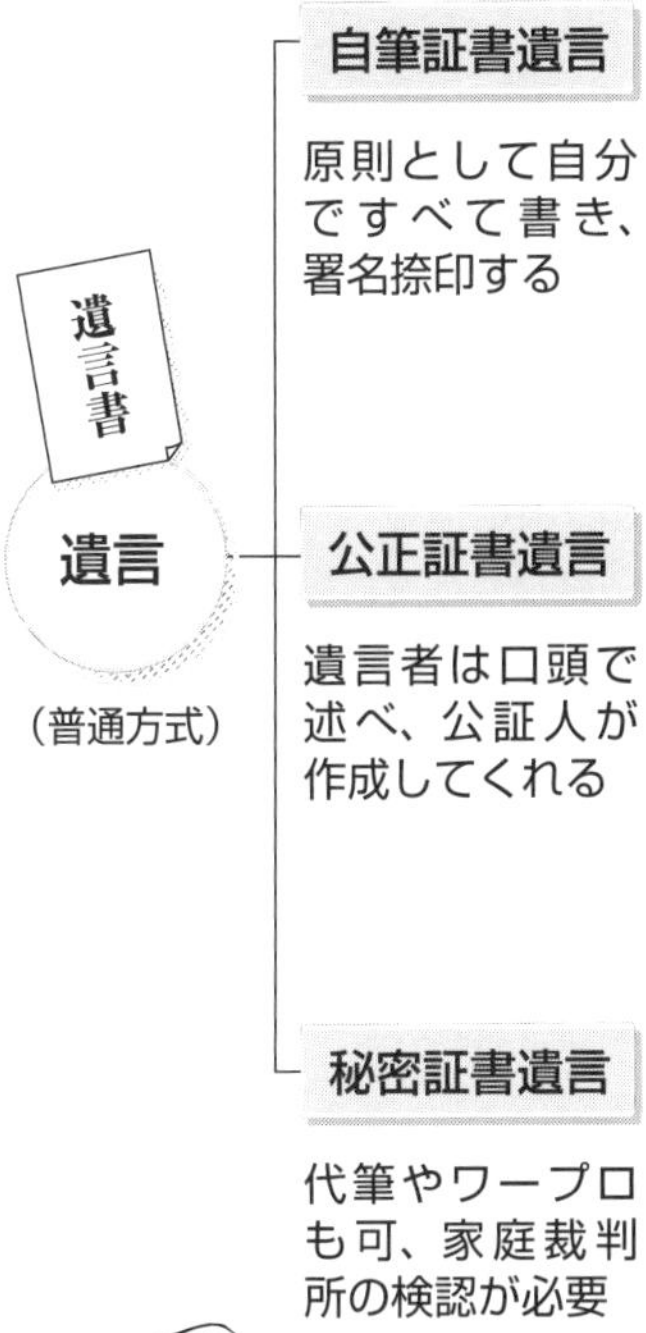

原則として自分ですべて書き、署名捺印する

遺言者は口頭で述べ、公証人が作成してくれる

遺言はこの3種類のどれかでなくてはなりません

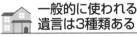

14

誰かに遺産を贈る方法は、いろいろある

⬇遺贈のほかにも「死因贈与」などの方法がある

ここで、相続と遺贈の関係について整理しておきましょう。

まず、遺言がなく、誰に遺産をあげるか決めていないと、普通の「相続」になります。相続の場合、遺産をもらう権利があるのは相続人だけです。

次に、遺言があると「遺贈」になります。誰に遺贈するかは遺言で指定し、相続人以外の第三者に遺産をあげることも可能です。

なお、**遺贈には「包括遺贈」と「特定遺贈」があります**。包括遺贈は「遺産の○分の1」など、割合で指定する遺贈の方法です。一方、特定遺贈では「△△の土地」とか、「□□会社の株式××株」などと、特定の遺産を指定します。

包括遺贈の場合は、第三者でも相続人と同等の地位を手に入れることになり、遺産分割協議にも参加が可能です。ただし、相続人と同じく、債務があれば負うことになります。特定遺贈では、遺産が指定されているので、そのようなことはありません。

遺産を誰かにあげるという意味では、**「死因贈与」**という方法もあります。〃私が死んだら○○をあげる〃という約束をするもので、いわば贈与者の死亡という条件を付けた贈与契約です。人の死亡を原因とした財産の移転という意味では、相続や遺贈と変わらないので、死因贈与にも相続税がかかります。

死因贈与が遺贈と異なるのは、契約だという点です。遺贈は相手の同意を得なくてよい単独行為なので、気が変われば遺言を書き直すこともできます。しかし、死因贈与は契約ですから、一方的に取り消したり、内容を変えることはできません。贈与契約は、口約束でも有効とされているので、軽々に〃私が死んだら〃などという約束はしないことです。

誰かに遺産をあげる方法いろいろ

相続
- 遺言がない
- あげる人は相続人のみ

遺贈
- 遺言がある
- 第三者にも可

　包括遺贈
- 割合で指定
- 第三者も相続人同等の地位

　特定遺贈
- あげるものを指定

死因贈与
- 契約がある
- 一方的な取消しはできない

死因贈与には
死ぬまでは自分が
使えるメリットが
あります

その③　遺言の指定と違う遺産分割はできる？

遺言と違う遺産分割は、理論的にはできないことになりますが、判例では認められているケースもあります。もちろん、相続人全員の合意が必要ですが、税金の面でも特別に贈与税などがかからない指針が示されています（国税庁ホームページ「遺言書の内容と異なる遺産分割をした場合の相続税と贈与税」）

地方都市に住む佐々木さん（仮名）は、家庭裁判所の検認手続きで亡夫の遺言書を初めて見てとまどったそうです。全財産を、妻である自分に相続させるとあったからです。夫は、子どもたちが相続争いになるのを恐れていたので、それを避けようとしたのでしょうが、自分がこの世を去るまで待たせるのは、子どもたちがかわいそうに思いました。孫たちの教育資金など、いちばんお金がかかる時期に、せっかくの夫の財産が活かせないからです。

そこで子どもたちと全員で話し合い、法定相続分どおりの遺産分割をしたのだとか。

このように、特別な障害がなければ、遺言と異なる遺産分割ができるケースがあります。故人が残した遺言の内容でもめそうになったときは、このことを思い出しましょう。

第2章

相続税はどんな税金か知っておこう

相続の手続きの中でも、
大きな壁となって立ちふさがるのが「相続税」。
まずはどんな税金なのか、
簡単に押さえておきましょう。

1

財産を受け継ぐのになぜ税金がかかるのか？

相続税が課税される背景には2つの考え方がある

そもそも、親や配偶者の財産を受け継ぐのに、なぜ税金がかかるのでしょうか。親子や夫婦の関係なら、そのまま財産を受け継いでもいいような気もします。

相続に税金がかかる——相続税が課税される背景には、主に2つの考え方があります。

ひとつは、故人がそれだけの財産を遺せたのは、何か税金でトクをしていたからだとする考え方です。たとえば、税制上の特典を利用して節税していた、土地が値上がりしたのに含み益で課税されていない、生前に申告していない所得があるといったことが考えられます。そこで、相続財産がある場合には、一定の税金をかけることでいわば〝精算〟をしてもらおうというのがひとつの考え方です。これを**「所得課税精算説」**といいます。

また、相続をする人は、労せずして財産を手に入れるので、要するに〝不労所得〟です。

一方、財産を遺せずに亡くなった人の遺族には、そのような不労所得はありません。

そこで、相続という機会に不労所得に税金をかけ、それを広く一般のために使うことで再分配しようという考え方があります。**「不労所得課税説」**と呼ばれるものです。

以上のような考え方を知っていても、相続税の節税に役立つといったことはありません。しかし、相続税がなぜこのようなしくみなのか、なぜそのような決まりがあるのか、理解しやすくなるでしょう。

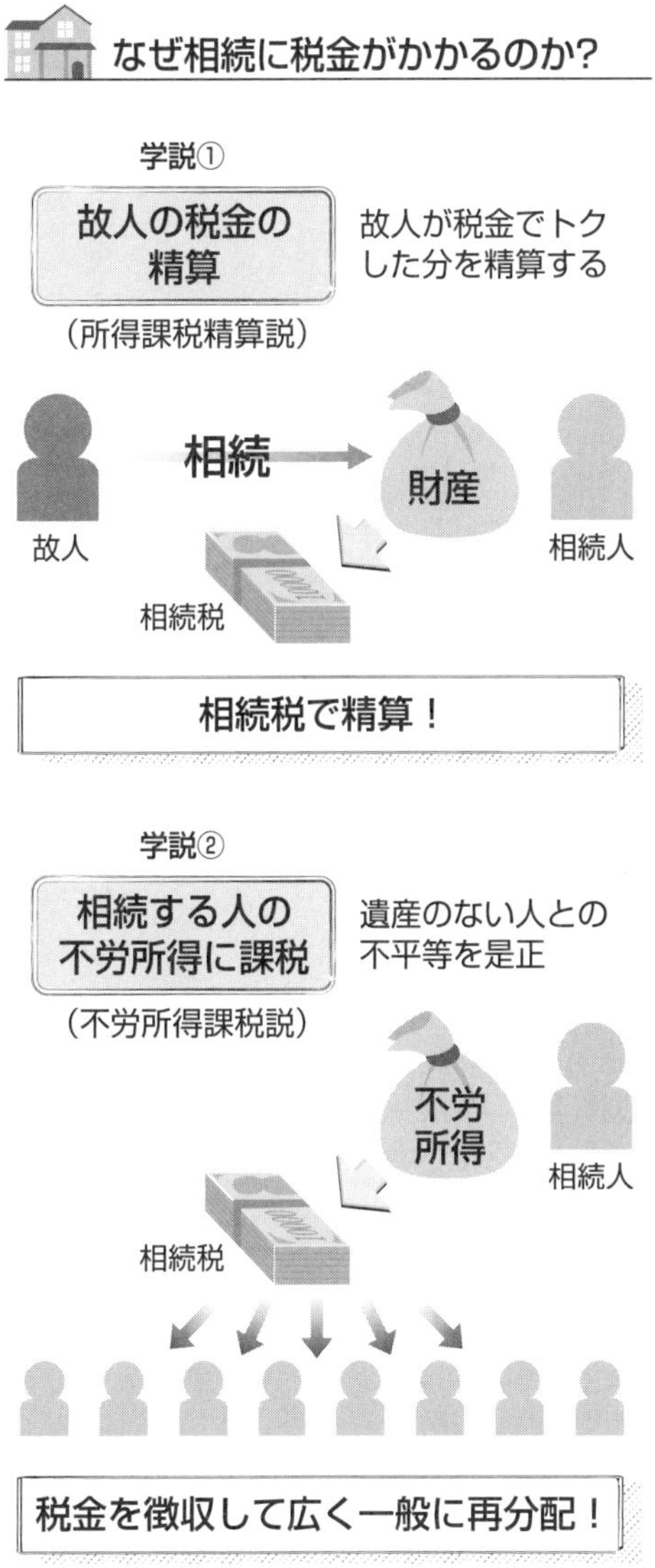
なぜ相続に税金がかかるのか?
学説①
故人の税金の精算
故人が税金でトクした分を精算する
(所得課税精算説)
故人
相続
財産
相続人
相続税
相続税で精算!
学説②
相続する人の不労所得に課税
遺産のない人との不平等を是正
(不労所得課税説)
不労所得
相続人
相続税
税金を徴収して広く一般に再分配!

2 どのような財産に税金がかかるのだろう

財産とみなされる「みなし相続財産」がある

◉生命保険金などは相続財産とみなされる

相続税がかかるのは「相続財産」です。相続財産には、どのようなものがあるでしょうか。まず、**私たちが普通に財産と思うようなものは、すべて相続財産**になり、相続税がかかります。ただし、金額に換算できないものは別です。

たとえば、父親から受け継いだ技術といったものは、相続財産ではありません。しかし、その技術が特許権になっていれば、金額に換算できるので相続財産です。

同様に、父親の会社の経営を引き継いだというだけでは相続財産になりませんが、父親の持っていた自社株を相続すれば相続財産になります。

以上のような有形、無形のもの――本来の相続財産のほかに、相続税法で相続財産とみなされるものがあります。左の図下のようなもので、代表的なのは**生命保険金**です。本来、相続財産は、死亡時に存在していた財産のことですが、被相続人が保険料を負担し、死亡後に相続人が受け取る生命保険金なども、相続税法では相続財産とみなされます。

　これが「みなし相続財産」と呼ばれるものです。みなし相続財産の代表的なものとしてはもうひとつ、死亡退職金があります。そのほか、相続税法が定めるみなし相続財産は、左の図下のようなものです。

　ただし生命保険金と死亡退職金は、残された遺族の生活を支える財産ですから、全額に

本来の相続財産以外にも相続税がかかる

●本来の相続財産

相続財産

現金、預貯金、
有価証券、宝石、
土地、家屋……

貸付金、特許権、著作権……

●相続税法の「みなし相続財産」

みなし
相続財産

①生命保険金

②死亡退職金、死亡退職時の功労金など

③一定の生命保険契約に関する権利

④一定の定期金（年金）契約に関する権利

⑤一定の定期金（年金）の受給権

⑥保証期間付き定期金に関する権利

⑦退職年金の継続受給権（被相続人が受給していて、死亡後に遺族が受給できるもの）

課税せず、左の図上のような非課税限度額が定められています。つまり、**「500万円×法定相続人の数」を超えた金額に、相続税が課税される**しくみです。

また、勤務先から弔慰金などを受け取った場合は、左の図中の金額まで相続税がかかりません。この金額を超えると、弔慰金の程度を超えて退職手当金などに該当するとみなされ、相続税がかかります。

なお、みなし相続財産は、あくまでも相続税をかけるために相続財産とみなすものですから、民法で定める遺産分割（→P74）の対象になりません。生命保険金などは受取人が指定されているので、受取人固有の財産になります。

◉生前贈与に相続税がかかる場合がある

みなし相続財産のほか、生前贈与加算の対象になる贈与を受けた場合も、相続税がかかります。生前贈与加算とは、被相続人が亡くなる前に贈与を受けた財産を、相続財産に加算するルールです（→P208）。

また、**相続時精算課税制度**を利用して贈与を受けた財産も当然、相続税がかかります。（→P124）。さらに、教育資金、結婚・子育て資金の贈与税非課税措置を利用して贈与を受けた財産も、残額があれば相続税の対象です（→P130）。

なお、被相続人が日本国外に所有していた国外財産にも、日本の相続税がかかるケースがあります。

その代わり、国外財産に外国の相続税にあたる税金が課税された場合は、二重課税を防ぐために、外国で課された税額を日本でかかる相続税の額から差し引ける決まりです（外国税額控除↓Ｐ185）。

このようなものにも相続税がかかる

●一定の生命保険金など

生命保険金、死亡退職金の非課税限度額を超える部分

500万円×法定相続人の数
＝非課税限度額

●弔慰金など

- ●業務上の死亡であるとき
  賞与を除いた給与の３年分
- ●業務上の死亡でないとき
  賞与を除いた給与の半年分を超える部分

●その他相続税がかかるもの

- ●生前贈与加算の対象になる贈与財産（→P117）
- ●相続税精算課税制度を利用した贈与財産（→P126）
- ●教育資金、結婚・子育て資金の贈与税非課税措置を利用した場合の残額（→P130）

3

どれくらいの相続財産があると相続税がかかるか？

↓法定相続人の数に応じて「基礎控除額」がある

相続財産の合計額は、まるまる全部に相続税がかかるわけではありません。前にも触れたように相続税には所得税など他の税金と同様、「基礎控除額」があるからです。大ざっぱにいうと**相続税は、相続財産の合計から基礎控除額を差し引いた残りにかかります。**もし、相続財産の額より基礎控除額が大きければ、相続税はかからず、相続税の申告も必要ありません。

相続税額の計算方法は後で説明しますが（→第5章）、基礎控除額は左の図のように「3000万円＋（600万円×法定相続人の数）」です。

ですから、法定相続人が何人か、その数によって基礎控除額が変わります。仮に同じ相続財産の額であったとしても、法定相続人の数によって相続税がかかる場合、かからない場合があるわけです。したがって、どれくらいの相続財産があると相続税がかかるかは、一概にはいえないことになります。

「基礎控除額」を超えた額に相続税がかかる

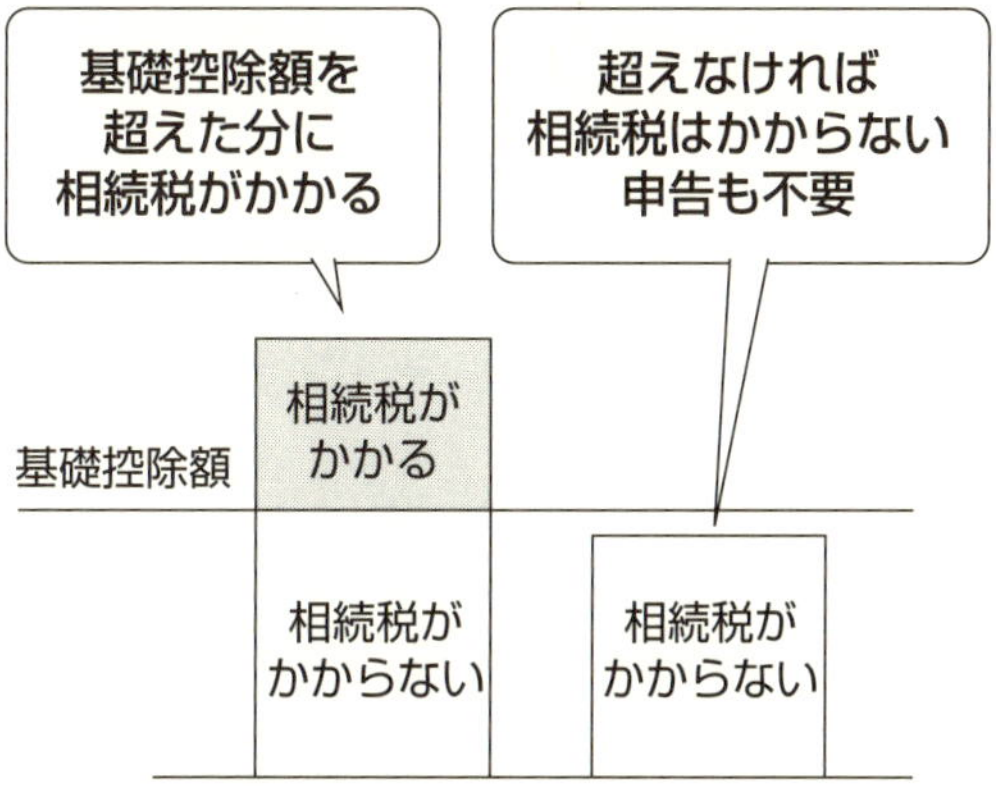

基礎控除額＝
3000万円＋（600万円×法定相続人の数）

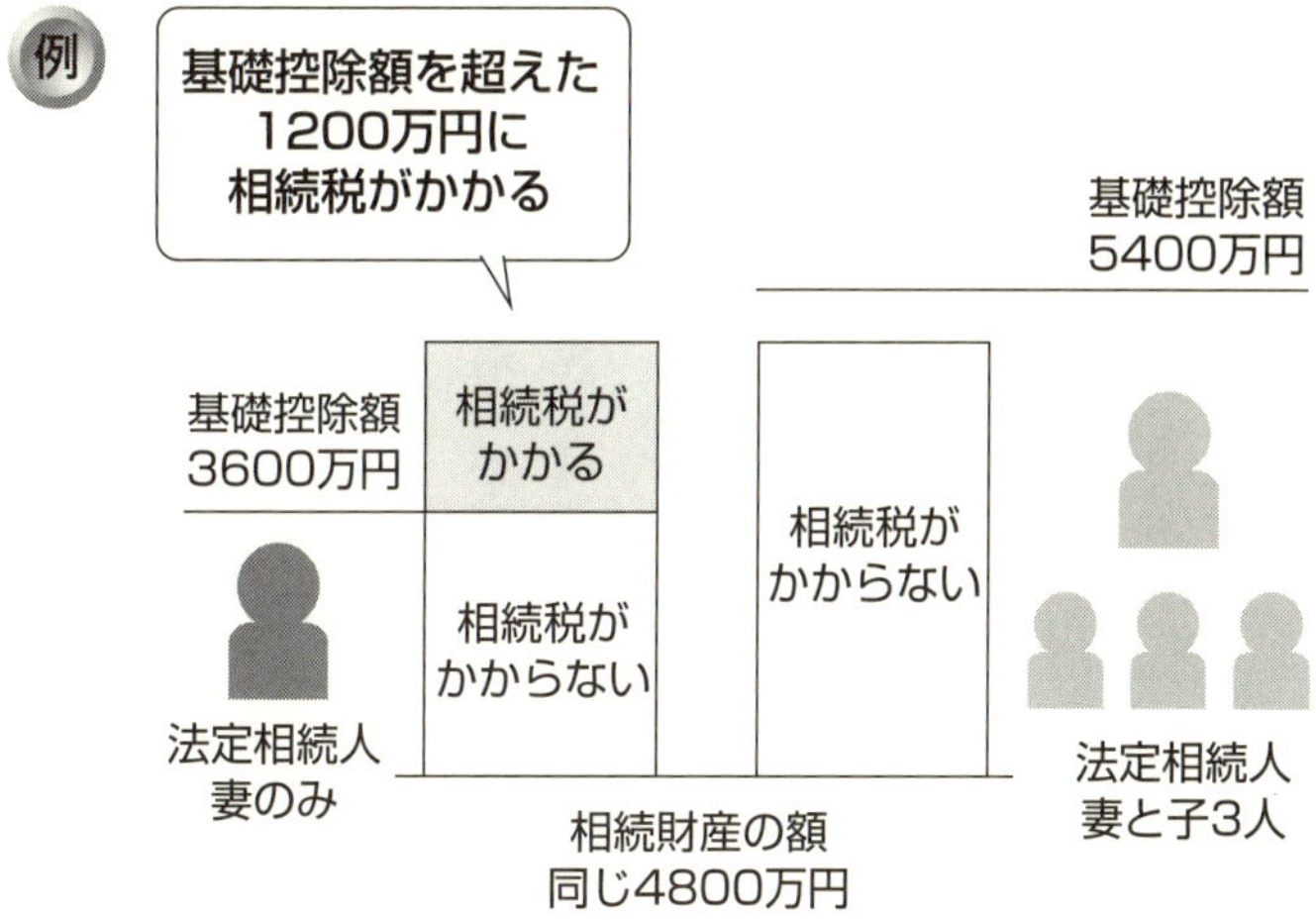

4

相続税は誰が払わなければならないか？

2次相続まで視野に入れて相続する人を決める

基礎控除額を超えて相続税がかかる場合、その税額は相続した人が払います。このことは意外に重要です。というのは、**相続税には配偶者控除や、小規模宅地等の評価減の特例といった、相続人によって税金が安くなる制度がいくつかあります。**誰が、どれだけ相続して相続税を払うかを考えることで、相続税を安くできるかもしれないのです。

たとえば、配偶者の税額軽減は非常に大きく、法定相続分（遺産の2分の1）までの取得分には一切、相続税がかかりません（→P182）。子が取得した分には、このような軽減措置はないわけです。

ただし、妻（子から見た母親）と子どもたちが相続人となる「**1次相続**」だけでなく、母親が被相続人になる「**2次相続**」も、視野に入れておくことが大切です。2次相続は一般的に、1次相続よりも相続税額が高くなります。法定相続人の数が少なくなること、配偶者の税額軽減が利用できないことなどがその理由です。

そのことを想定して、1次相続から2次相続まで含めた対策をとっておくことが重要になります。

たとえば1次相続では、母親は配偶者の税額軽減をフルに活用し、子は小規模宅地の特例を利用して土地を相続しておくといった方策が考えられます。2次相続の時点では、土地がすでに相続されているので、土地の分の相続税がかかりません。

なお、遺贈と死因贈与による財産の移転にも相続税がかかりますが、その場合の納税義務者はそれぞれの受遺者になります。

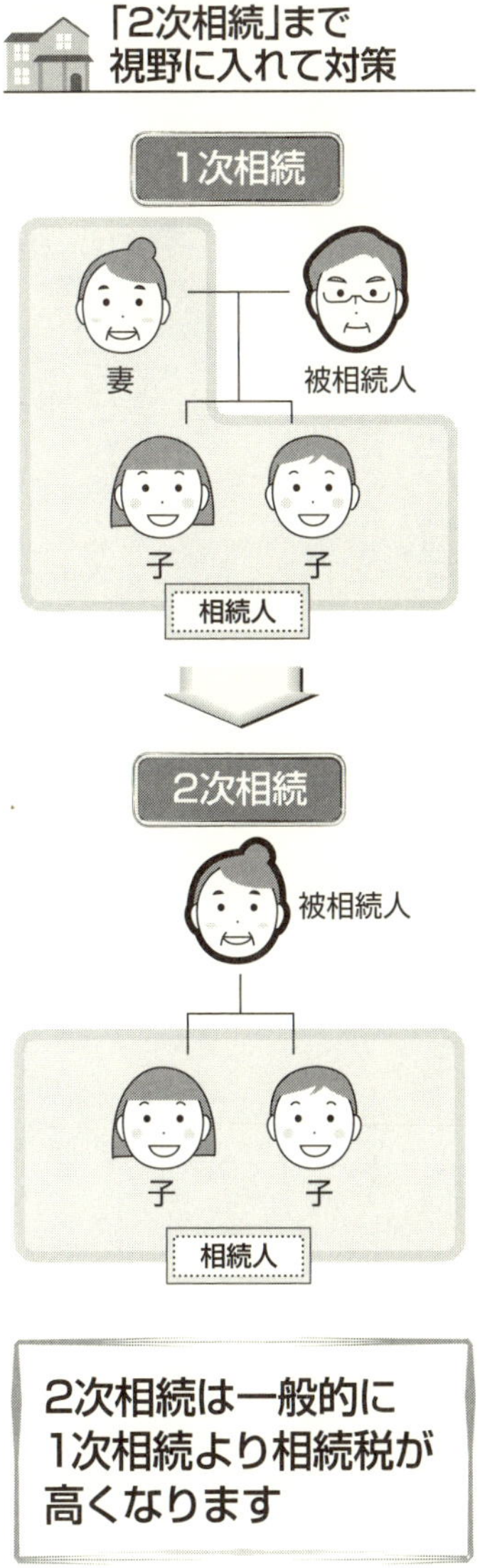

5

どうしても金銭で相続税が払えないときは?

年賦で払う「延納」や、「物納」の制度もある

相続税の納税は、金銭で一度に納めるのが原則です。その期限は、申告の期限である「相続の開始があったことを知った日の翌日から10カ月以内」になります。つまり、**10カ月の期限内に、相続税額の金銭を、一度に納めなければならない**わけです。相続税の額によっては、その金銭の用意に苦労する人も多いでしょう。

相続財産があるじゃないかと思うかもしれませんが、相続財産が土地・建物ばかりだった場合などは、すぐに換金することもむずかしくなります。そうなると、財産はあるのに金銭がないという事態になりかねません。

これは、中小企業のオーナー社長だった人によく見られるケースです。自分のお金は、会社の資金繰りのために貸付けという形で会社につぎ込んでしまい、預金や、すぐに現金化できる有価証券などはほとんど残りません。

そこでいざ相続となると、財産は自宅の不動産と会社への貸付金、それに自社株式だけとなり、金銭はほとんどない状態になってしまいます。

そのような状態で財産を相続した場合に検討したいのが、相続税の「延納」です。認められれば、相続税額を最長20年に分割して納めることができます（→P192）。また、相続財産が換金性の乏しい土地などの場合は、物納という制度もあります。金銭の代わりに現物の土地などで支払う方法です（→P194）。

ただし、延納も物納も認められるためには一定の条件があります。どんな場合でも利用できるわけではないので、注意しましょう。

相続税の「延納」「物納」とは?

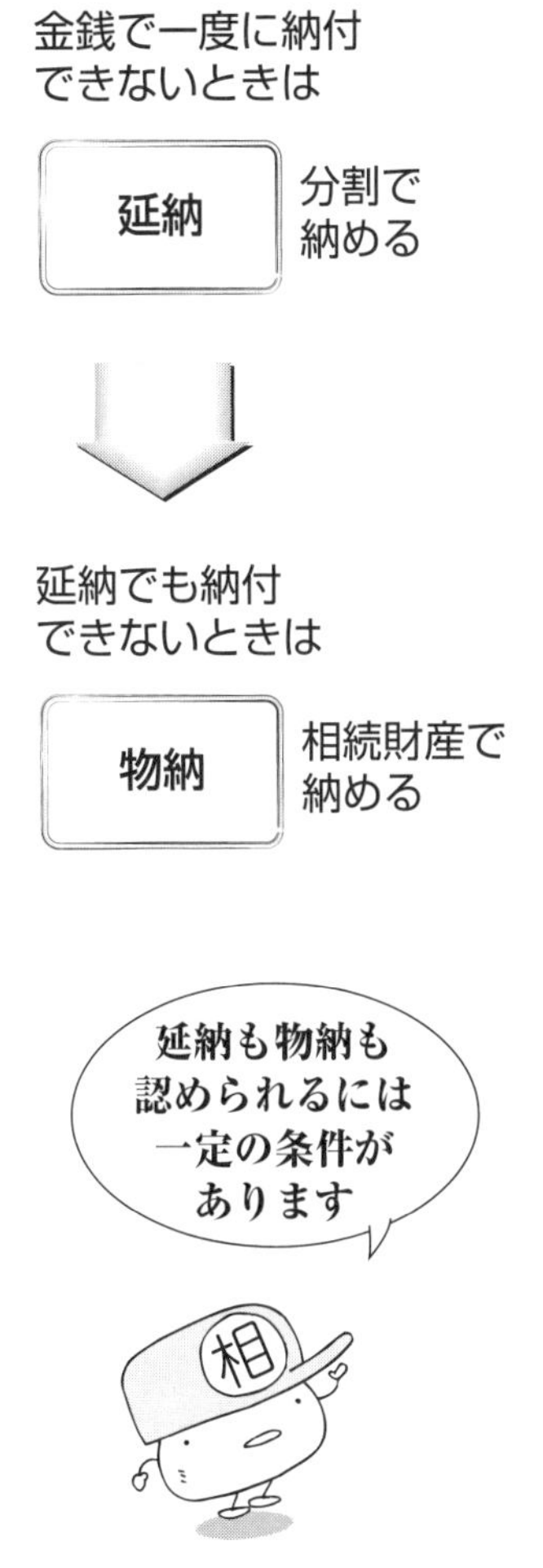
金銭で一度に納付できないときは
延納
分割で納める
延納でも納付できないときは
物納
相続財産で納める
延納も物納も認められるには一定の条件があります
相

6 相続税法はときどき変わるので要チェック！

↓近年でも生前贈与について大きな改正があった

以上で見てきたような、相続税という税金について定めているのが「相続税法」です。相続税法は税法なので、税制改正があると、ときどき定めの内容が変わります。何かを調べたり、相続税対策を考えたりするときは、常に最新の情報に注意しましょう。

たとえば近年でも、２０２３年度の税制改正で大きな改正がありました。ひとつは、生前贈与の相続財産への加算が、それ以前の3年間から延長されたことです。２０２４年贈与分から段階的に延長され、２０３１年には7年間になります（↓P208）。相続税対策として生前贈与した財産が、相続税の課税対象になるケースがあるかもしれません。

もうひとつの改正は、**相続時精算課税制度に基礎控除額ができた**ことです。金額は贈与税の暦年課税の基礎控除額と同じ１１０万円で、この１１０万円までの贈与には、贈与税も、相続税もかからないことになります（↓P126）。

　このように、近年でも相続税法の改正は続いているわけですが、そもそも現在の相続税の基礎控除額も、改正によって２０１５年から引き下げられたものです。このときの改正では、同時に相続税の税率構造自体の見直しも行なわれています。

　このほか、近年の相続税法（と民法）の改正の例としては、左のようなものがあります。相続財産を評価したり、相続税を計算してみたりするときは最新の情報に注意しましょう。

このようなものにも相続税がかかる

●2024年分から

生前贈与の加算期間が７年に延長

●2024年分から

相続時精算課税に基礎控除が創設された

●2024年分から

相続登記の申請義務化

●2023年分から

特別受益と寄与分に10年の期限

●2020年分から

配偶者（短期）居住権の新設

●2019年分から

特別寄与料の創設

●2015年分から

基礎控除の引下げ、税率構造の見直し

相続税対策を考えるなどの場合は最新の情報で

その④　相続税がかからない相続財産がある？

地方に住む山口さん（仮名）は、父親がとても立派なお墓を、有名なお寺の墓地に建てたので、高い相続税がかかるのではないかと心配しています。

この場合、山口さんは心配する必要がありません。実は、墓地や墓石は相続税が非課税なのです。たしかに相続財産かもしれませんが、墓地や墓石の金銭的な価値を計算して税金をかけるのは、古くから仏教になじんできた日本人の感情になじまないからです。

同様の理由で**非課税となるものには、仏壇、仏具、神棚、神具など**があります。これらは、個人の特別な感情や価値を持つものとして、金銭的な価値を超越していると考えられているわけです。

ただし、仏具であっても、黄金の仏像などはダメです。税務上も非課税は認められませんが、それ以前に、金銭的な価値を超越しているなどと主張すれば、遺産分割の話し合いでもめる元になってしまうでしょう。

第3章

相続に活かしたい「贈与」のしくみ

生きているうちの「贈与」を上手に使うと
相続の悩みが少し、
あるいは大きく軽減します。
その贈与のしくみを知っておきましょう。

1

要するに「贈与」とは、どういうことか？

↓相続は人の死亡で開始するが、贈与は契約で成立する

相続と贈与――財産が移転するという意味ではよく似たものですが、実は決定的な違いがあります。それは、**贈与が法律的に「契約」の一種**だという点です。つまり、贈る側（贈与者）が〝財産をあげよう〟といい、もらう側（受贈者）が〝はい、いただきます〟といって、初めて贈与が成立します。

これは生前贈与だけでなく、死因贈与の場合も同じです（↓P84）。相続が、人の死亡により自動的に開始するのに比べると、大きな違いといえるでしょう。

ただし、遺言による遺贈は、一方的に財産の受取人を指定するものですから、契約ではなく、民法上の「単独行為」になります。単独行為とは、相手の承諾なしに一方的な意思表示で成立する行為のことです（↓巻末❹）。

贈与が契約だというと、契約書を作成して双方が署名捺印しなければならないように思いがちですが、贈与契約は口約束だけでも成立します。

ただし、口約束による契約はいつでも取り消しできる決まりです。ですから、話の流れでつい約束してしまった贈与などは、「やっぱりやめます」というだけで解消できます。

もし、自分が贈与を受ける側で、約束を守ってもらいたいと思うなら、書面にしておくのが賢明です。書面による贈与契約は簡単には取り消せず、法律上強い拘束力があります。書面にして保管しておけば、後で贈与があったことの証明にすることも可能です。

「贈与」は契約、遺贈は単独行為

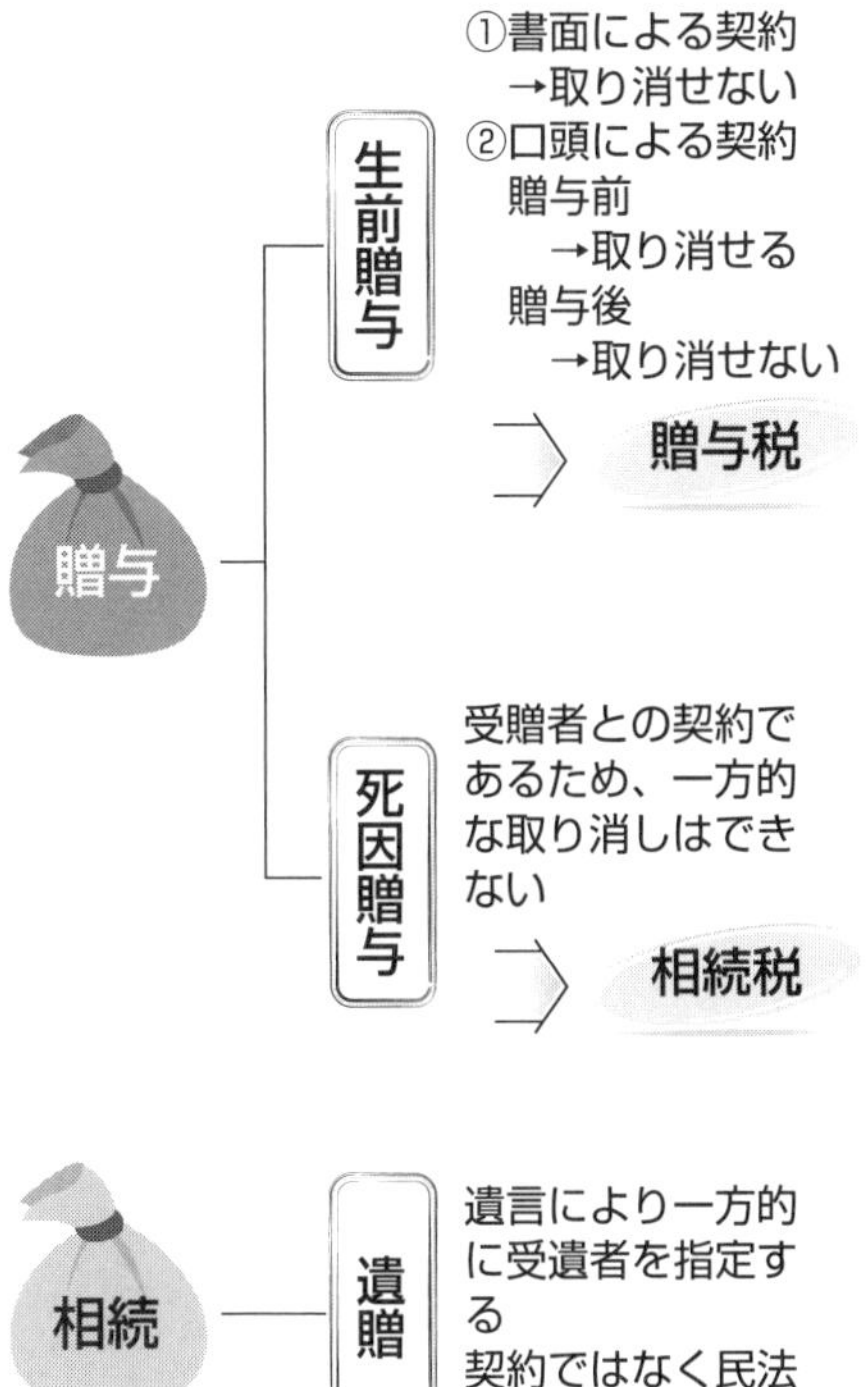

贈与契約は口頭でも成立しますが受ける側は書面にしておくのが賢明です

2

「贈与税」は相続税とどんな関係？

↓相続税を軽くしようと思えば贈与税が重くなる

人に金銭や物品を贈与すると「贈与税」がかかります。なぜ、人に贈り物をしただけで税金がかかるのでしょう。これは、相続の際に相続税がかかることと深い関係があります。

相続税は、相続する財産に応じてかかる税金です。これを軽くしたいと思うとすぐに思いつくのは、相続する財産を少なくすることでしょう。つまり、生きているうちに、相続人になる人に財産を贈ってしまえば、相続財産が減って、相続税も少なくなるはずです。

しかし、そのような生前贈与を無制限に認めてしまうと、誰もが贈与に走り、相続税を納める人などいなくなってしまいます。そこで、相続の前に一定の財産の移転があったら、相続税に代わる税金を課税しようというのが贈与税のそもそもの考え方です。

ただし、相続人になる人に対する贈与だけに贈与税がかかるわけではありません。**個人から個人に、無償かそれに近い形で財産の移転があると、ほとんどが贈与とみなされます。**

好きな人に多額の贈与をしたりすると、高額の贈与税がかかることになりかねません。

要するに相続税と贈与税は、**相続税を軽くしようとすれば贈与税がかかり、贈与税を払いたくないと思うと相続税がかかる**しくみです。そのため、相続税と贈与税はよく〝兄弟〟だといわれます。互いに、相手を補完する関係にあるからです。贈与税に関する定めも、相続税法の中にあります。

贈与税の納税義務者は、受贈者のほうです。財産の移転を受けている側なので、贈与税を負担する力（担税力）があるという考え方に基づいています。この点も、相続税の納税義務を相続人に負わせている相続税と同じ考え方です。

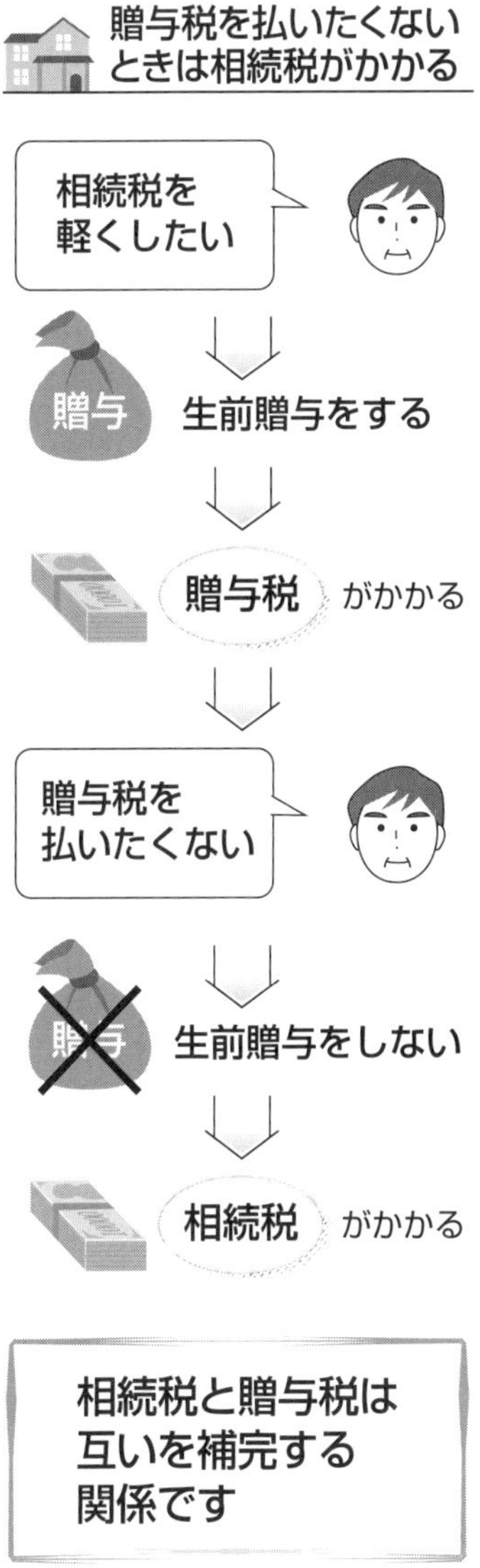
贈与税を払いたくないときは相続税がかかる
相続税を軽くしたい
贈与
生前贈与をする
贈与税がかかる
贈与税を払いたくない
贈与
生前贈与をしない
相続税がかかる
相続税と贈与税は互いを補完する関係です

3 贈与税がかかるのは、どういう場合か？

贈与と思わなくても贈与税がかかる場合がある

◉贈与税には「みなし贈与財産」がある

相続税の場合は、どんな財産に課税されるのか、相続税法に定めがあります。しかし贈与税は、どんな財産に課税されるのか、税法にはとくに定めがありません。ですから、**「金銭に換算できるすべての財産」に贈与税がかかる**と考えておいたほうがよいでしょう。

また、当事者に贈与した、されたという意識がなくても、特定のケースでは贈与税を課税するという税法の定めがあります。これを知らずに贈与を受けると、後で多額の税金を課されることがあるので注意しましょう。

贈与税が課税されるのは、整理してみると次のようになります。

●ケース①贈与によって財産を取得した

たとえば、子どもが父親から現金や有価証券をもらった、父親が子ども名義で不動産を購入した、父親名義の不動産を子ども名義に変更した、といった場合です。

●ケース②借金の免除や引受けがあった

たとえば、父親から借りた借金を帳消しにしてもらった、第三者から借りた借金を母親が肩代わりしてくれた、という場合も贈与とみなされます。

●ケース③自分が保険料を負担していない生命保険契約の満期などの保険金を受け取った

生命保険も、他の人が保険料を負担している場合は、満期の保険金などを受け取ると贈

贈与以外にも贈与税がかかるケース

ケース① 贈与による財産の取得

贈与

他の者から何らかの財産をもらったとき

ケース② 債務免除益など

贈与

借金の返済免除や肩代わりをしてもらったとき

ケース③ 満期生命保険金の受取り

贈与

自分で保険料を支払っていない生命保険の保険金を受け取ったとき

ケース④ 低額譲受け

贈与

著しく低い価格で財産を譲り受けたとき

ケース⑤ 低額で経済的利益の享受など

贈与

無償または著しく低い価格で経済的利益を受けたとき

こういうケースでは贈与税がかかります

与とみなされます。

●ケース④著しく低い価格で財産を譲り受けた

たとえば、時価（相続税の評価額）１２００万円の土地を２００万円で買い受けた、時価５００万円の株式を２００万円で譲り受けた場合など、差額が贈与とみなされます。

●ケース⑤無償または著しく低い価格で経済的利益を受けた

たとえば、親子で共有している賃貸不動産の賃貸収入を全額、子どものものとしてしまうとか、子どもの借金を親が肩代わりするとかが該当します。

以上のようなケースでは、当人たちに贈与した、された意識がなくても、贈与したものとみなされ、贈与税がかかることがあるわけです。このようなものを一般に「みなし贈与（財産）」といいます。

●贈与税がかからない「贈与税の非課税財産」とは？

みなし贈与財産とは逆に、財産を無償でもらい受けても、贈与税がかからない場合があります。「贈与税の非課税財産」と呼ばれるもので、「社会通念上相当と認められるもの」という条件付きで、通常必要とされる程度なら贈与税がかかりません。

贈与税の非課税財産も含めて、贈与税がかからない場合を一覧してみると、左のようになります。

ただし、贈与税がかからない場合でも、所得税など他の税金の課税対象になることがあります。贈与税の非課税財産だと思っても、贈与する、される場合はよく調べて、充分な注意が必要です。

贈与でも贈与税がかからない場合

①法人から贈与された財産（所得税がかかる）
②扶養義務者からの生活費や教育費に充てる財産
③宗教、慈善、学術など、公益を目的とする事業に使われる財産
④奨学金の支給を目的とする公益信託などから交付される金品
⑤心身障害者共済制度に基づく給与金の受給権
⑥公職選挙法による選挙運動のために贈与を受けた財産
⑦特定障害者扶養信託契約の信託受益権
⑧個人から受ける香典、花輪代、年末年始の贈答、祝物または見舞いなどの金品で、社会通念上相当と認められるもの
⑨住宅取得等資金に係る贈与税の非課税措置の適用を受けたもの
⑩教育資金の一括贈与に係る贈与税の非課税措置の適用を受けたもの
⑪結婚・子育て資金の一括贈与に係る贈与税の非課税措置の適用を受けたもの
⑫相続や遺贈により財産を取得した人が、相続があった年に被相続人から贈与により取得した財産

こういう財産には
贈与税がかかりません

4

贈与税は、どうやって課税される？

⬇「暦年課税」では暦の1年に贈与された合計額に課税される

◉贈与税の計算の基礎になる「課税価格」

贈与税が課税される方法は2つあります。ひとつは、「暦年課税」といい、文字どおり暦の1年――1月1日から12月31日の1年間に、いろいろな個人から贈られた財産の合計額を申告して納税する方法です。もうひとつは、前にも触れた「相続時精算課税」で、贈与に対する税金は基本的に、相続のときに相続税で精算されます。

まず、**暦年課税**から見ていきましょう。

暦年課税では、贈与者を問わず、1年間に受けた贈与の合計額に贈与税がかかります。たとえば、1月に父親から100万円、12月に母親から50万円の贈与を受けたら、合計の150万円がその年の贈与税の対象です。

ただし、前項で見たように、贈与税にはみなし贈与財産と非課税財産があります。また、死因贈与があった場合は、贈与税でなく相続税の対象です（→P104）。ですから、贈与税の計算の基礎になる金額は、みなし贈与財産を含む贈与財産の合計額から、非課税財産額と死因贈与相当額を差し引いたものになります。

相続税や贈与税では、このような計算の基礎になる金額を「課税価格」といいます。

また、116ページで詳しく見ますが、贈与税にも「基礎控除額」があります。その額は年間110万円で、もらった財産の額が110万円以下なら贈与税はかからず、申告する必要もありません。

この基礎控除額は、税額を計算する前に課税価格から差し引きます。

贈与税の計算の基礎になる「課税価格」は?

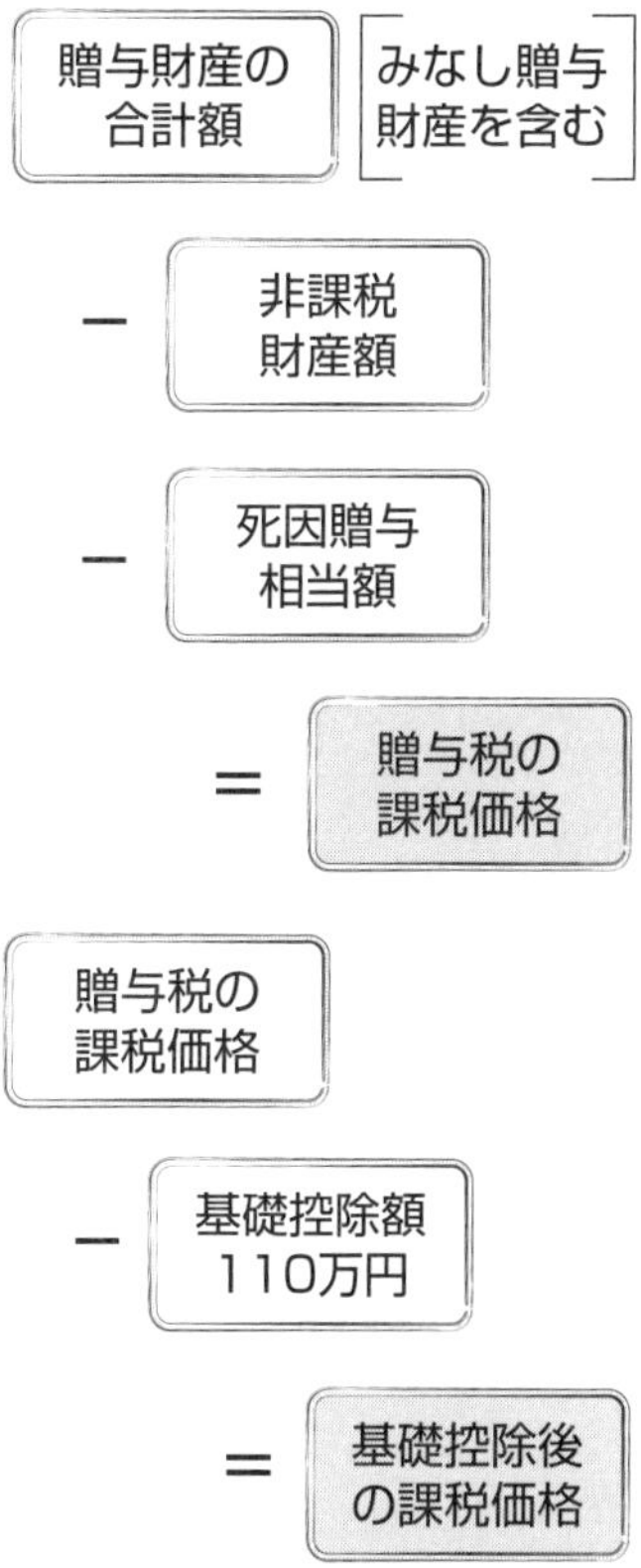

贈与税の額は基礎控除後の課税価格から計算します

◉贈与税を上手に活用すれば相続税の軽減になる

そこで、贈与税の税率ですが、もしも相続税の税率よりも低かったら、皆こぞって妻や子に生前贈与をしてしまうでしょう。そんなことにならないよう、贈与税の税率は一般的に相続税より高くなるように設定されています。それによって、生前贈与による相続税逃れを牽制しているのです。

たとえば、左上の表でみると、最低税率10%が適用されるのは、贈与税の基礎控除後２００万円以下になっています。しかし、179ページの相続税の税率をみると、最低税率10%は１０００万円以下です。８００万円もの開きがあります。一般的には、生前贈与で贈与税を払うより、相続にして相続税を払ったほうがトクなわけです。

ただし、生前贈与は絶対にソンというわけでもありません。基礎控除額を上手に利用するなどすれば、相続税を軽減するのに役立てる方法もあります。また左下の表は、18歳以上の直系卑属への贈与について、国が設けている「特例税率」です。目的は、高齢者の資産を積極的に若い世代に移転させることにあり、優遇措置として税率が抑えられています。課税価格にもよりますが、10%～5%贈与税が安くなるしくみです。

さらに、住宅資金、教育資金、結婚・子育て資金限定で、生前贈与の贈与税が非課税になる特例もあります。贈与を受ける側（受贈者）の年齢や、年間所得の合計額などに要件がありますが、うまく使えば完全に贈与税非課税になるので魅力的です（↓P128）。

これらに加えて、贈与税がかからない**相続時精算課税制度**もあります（↓P124）。トクになる制度がいろいろある中で、どれを利用するかは贈与者と受贈者の判断しだいですが、生前贈与は絶対にソンという思い込みだけは避けたいものです。

贈与税額はこうして計算する

〔贈与税の速算表〕

一般税率		
基礎控除後の課税価格	税率	控除額
200万円以下	10%	－
200万円超　300万円以下	15%	10万円
300万円超　400万円以下	20%	25万円
400万円超　600万円以下	30%	65万円
600万円超　1000万円以下	40%	125万円
1000万円超　1500万円以下	45%	175万円
1500万円超　3000万円以下	50%	250万円
3000万円超	55%	400万円

特例税率		
基礎控除後の課税価格	税率	控除額
200万円以下	10%	－
200万円超　400万円以下	15%	10万円
400万円超　600万円以下	20%	30万円
600万円超　1000万円以下	30%	90万円
1000万円超　1500万円以下	40%	190万円
1500万円超　3000万円以下	45%	265万円
3000万円超　4500万円以下	50%	415万円
4500万円超	55%	640万円

贈与税額
＝基礎控除後の課税価格
×税率－控除額

その⑤　基礎控除額以下の分も生前贈与加算の対象になる

贈与税には、贈与を受ける人1人について、年110万円の基礎控除額があります。ですから、もらった額が110万円以下なら贈与税はかからず、贈与税の申告も不要です。たとえば、父母から100万円くらいの贈与を10年続けて受けても、贈与税はかからないことになります。

暦の1年間で受けた贈与が110万円を超えたとき初めて、超えた部分の金額に対して贈与税がかかるわけです。財産を贈与する人（贈与者）が何人いても、贈与が何回あっても、このことは変わりません。

ただし、基礎控除が適用されるためには、110万円以下の贈与だったことを証明できることが必要です。証明できないと、何年か後に、贈与された合計額に対して一度に課税されることがあります。

また、毎年同じ額――たとえば100万円ちょうどを10年続けて贈与したりすると、1000万円の贈与を10年に分割したとみなされて、課税されることもあります。毎年の贈与される額を変えたり、ときには基礎控除額を少し上回る贈与をして贈与税を支払うなど、工夫が必要です。

さらに注意したいのが、生前贈与加算です（↓P208）。亡くなる前3～7年の相続人に対する生前贈与を、相続財産に加算する決まりで、駆け込みの贈与を防ぐ目的があります。この生前贈与加算の対象には、基礎控除額以下の贈与も含まれるのです。

高齢になってからゆっくりと毎年、基礎控除額以下の贈与をしていると、何年分かは相続財産に加算されてしまうことになるかもしれません。そうなると、贈与税がかからない代わり、生前贈与に相続税がかかることになります（贈与税がかかった贈与だった場合は、相続税額から控除できます）。

このことを70歳のときに知った松本さん（仮名）は、すぐさまその年から基礎控除額以下の贈与を始めたそうです。「予定どおりの金額を、贈与税なしで贈与するためにも、長生きしなきゃいけませんね」と笑っていました。

松本さんに限らず、生前贈与加算のしくみは、とくに生前贈与をする側（贈与者）の方々に知っておいていただきたいことです。何年分かの贈与に、相続税がかかる可能性があると知っていただけば、より早い時期から生前贈与を考え始めるきっかけになるかもしれません。

5 配偶者からの贈与には「配偶者控除」がある

居住用の不動産の贈与は2000万円まで控除

相続税にはいろいろな軽減措置がありますが、それに比べると贈与税には、あまり大きな軽減措置がありません。もともと、相続税逃れを防ぐ目的で課税される税金ですから、いろいろと軽減したのでは目的が果たせなくなるということでしょう。

ただし、（相続税でもそうですが）配偶者となると話は別で、大きな税額軽減があります。**「贈与税の配偶者控除」**と呼ばれるものです。基礎控除110万円とは別に、最高2000万円までの贈与を課税価格から控除できます。

もっとも、配偶者に対する贈与なら何でも、というわけではありません。自分たちが住むための土地・家屋、あるいはそれを買うための資金に限られます。ですから、贈与税の配偶者控除は、正確には「夫婦の間で居住用の不動産を贈与したときの配偶者控除」です。

この配偶者控除には、次にあげるような要件があります。

①婚姻期間が20年以上の配偶者からの贈与であること

②贈与されたのが居住用の土地・建物などの不動産、または居住用の土地・建物を取得するための金銭の贈与であること

③贈与を受けた年の翌年3月15日までに、贈与を受けた者が住んでおり、その後も引き続き住む見込みであること

この配偶者控除は、同じ配偶者からの贈与について、一生に一度しか適用できないことになっています。また、控除の結果、納める税額がない場合でも、贈与税の申告をしなければなりません。

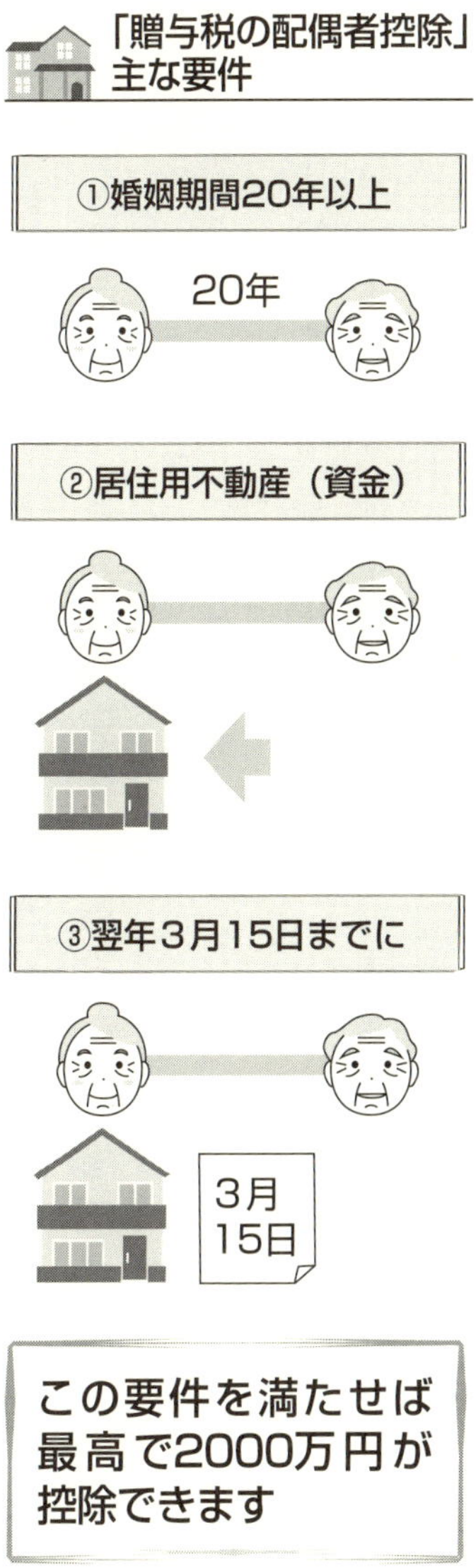

「贈与税の配偶者控除」
主な要件
①婚姻期間20年以上
20年
②居住用不動産（資金）
③翌年3月15日までに
3月
15日
この要件を満たせば
最高で2000万円が
控除できます

6 贈与税の申告・納付は誰がしなければならないか？

↓翌年の2月〜3月15日頃に「受贈者」が申告・納税する

◉住所地の税務署に申告書を提出して納税する

贈与税（暦年課税）は、毎年1月1日から12月31日までの間に、合計110万円を超える贈与を受けたときにかかる税金です。申告・納税の期限は、その年の贈与を受けた分について翌年2月1日頃から3月15日頃になります。

申告・納税をするのは、贈与を受けた人、すなわち「受贈者」です。自分の住所地を所轄する税務署に、左のような申告書を提出する必要があります。

また、配偶者控除（↓前項）や、各種の特例（↓P128）の適用を受ける場合は、納付税額がなくても申告書の提出が必要です。

贈与税の申告・納税の義務があるのは、原則として受贈者ですが、贈与した人、すなわち「贈与者」に納税義務が発生する場合もあります。たとえば、受贈者が贈与を受けた財産を全部使ってしまい贈与税を払えない、受贈者が贈与後に行方不明、受贈者が破産して

贈与税の申告・納税の期限は?

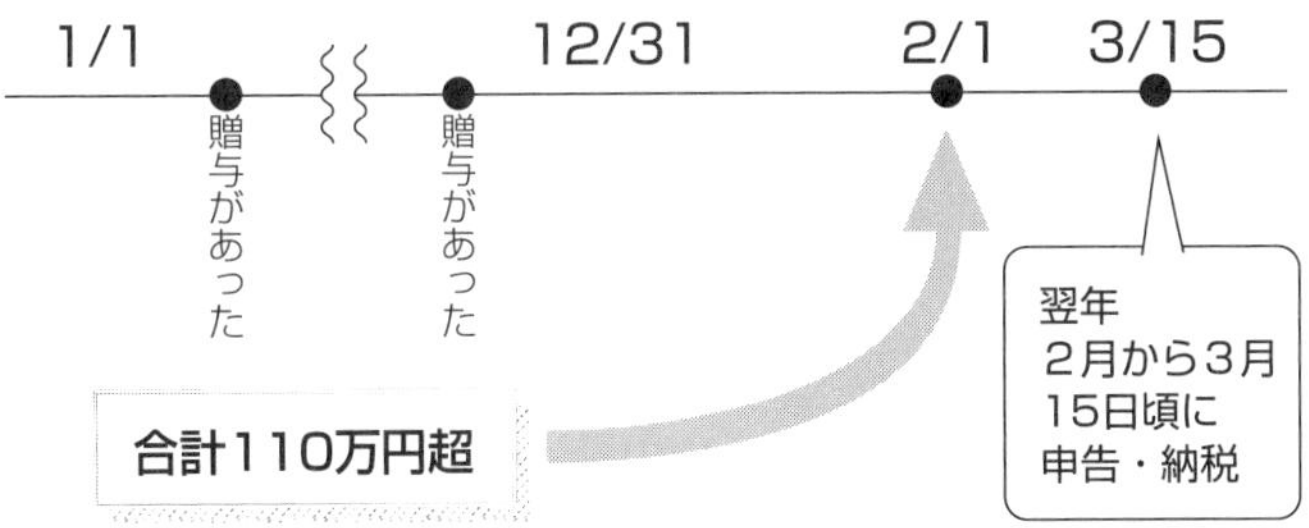

●「贈与税の申告書」(第1表)

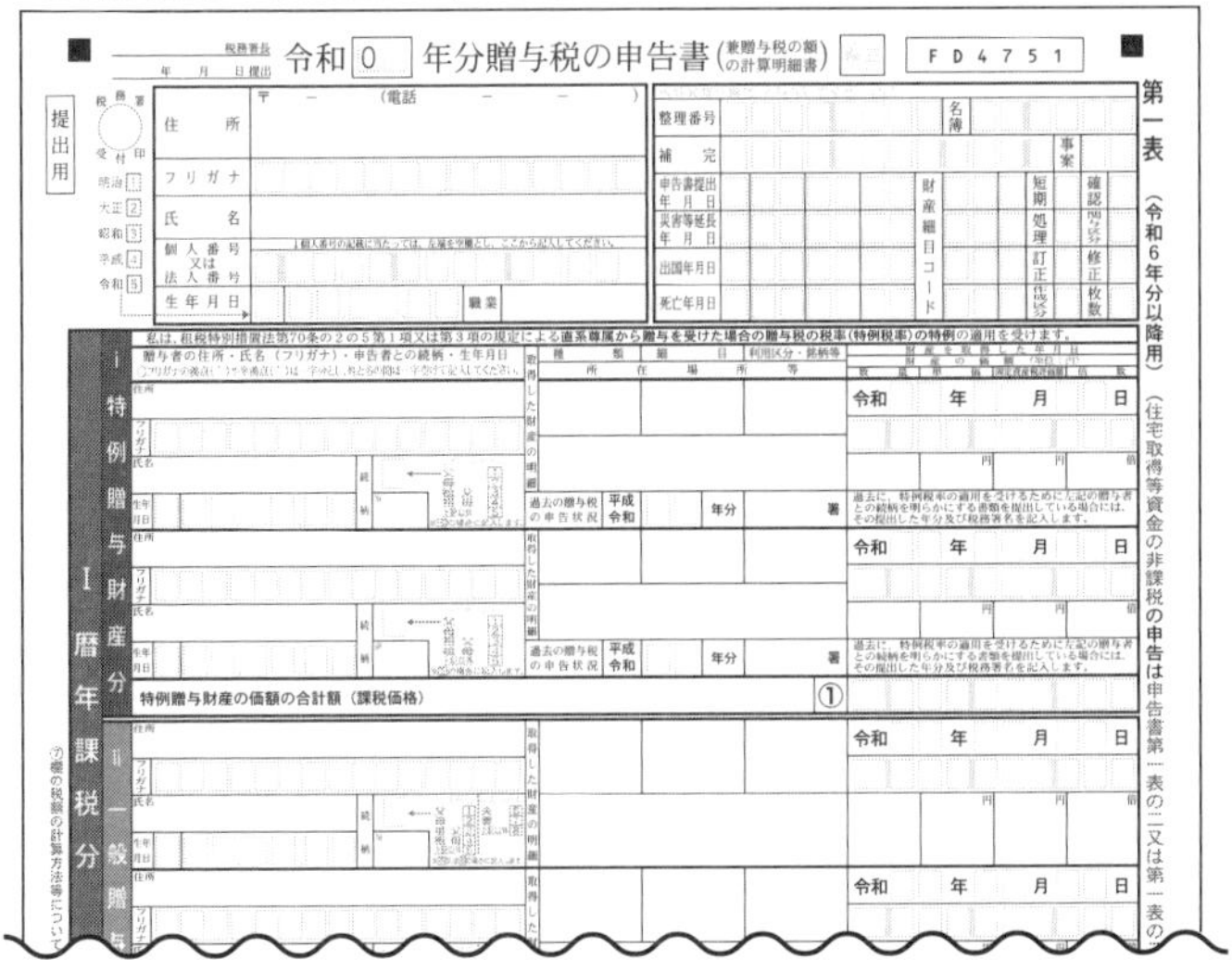

このような贈与税の申告書に
記入して提出します

払えない、などの場合です。

そのような場合は、贈与者に納税義務が発生し、代わりに支払わなければなりません。

●——一度に払えないときは延納もできる

贈与税について、税務署から支払いを求める通知がくることはありません。しかし、贈与を受けたのに申告をしないで、期限を過ぎてしまうと、税務署から「銀行預金が増えたのはなぜですか?」「購入した住宅の資金はどうしたのですか?」といった問い合わせがくることがあります。

このように贈与税を期限内に申告・納税しないと、余分な税金を払うことになります。

贈与税の納付も、相続税と同様に金銭で一度に、が原則ですが、一度に納付がむずかしいときは延納の制度もあります。一定の条件のもとで、5年以内の年賦による納税が認められるものです。要件は、次のようになっています。

①納付税額が10万円を超えていること
②金銭で一度に納めるのがむずかしい理由があること
③担保を提供すること（ただし延納税額が１００万円以下で、延納期間が３年以内の場合

は担保が不要）

延納の申請をする場合は、申告期限である翌年の3月15日までに行ないます。ただし、申請しても認められるとは限りません。要件である、金銭で一度に納付することが本当にむずかしいのか調査され、調査の結果によっては却下されることがあります。

贈与税の申告・納付ができないときは

●贈与税の無申告加算税

タイミング	贈与税額	加算税率
税務調査の連絡前に自主的に申告した	−	5%
税務調査の連絡後に指摘を受ける前に申告した	50万円以下の部分	10%
	50万円超の部分	15%
	300万円超の部分	25%
税務調査の後に指摘を受けて申告した	50万円以下の部分	15%
	50万円超の部分	20%
	300万円超の部分	30%

●「延納」を申請できる要件

①納付税額が10万円超

②延納を求める理由がある

③担保を提供する

※延納税額100万円以下、延納期間３年以内では担保不要

7

「相続時精算課税」制度の上手な利用法とは？

メリット、デメリットを知って選択は慎重に

要するに「相続時精算課税制度」とは？

暦年課税に対して、もうひとつの贈与税の課税方法は「相続時精算課税」といいます。前にも説明したとおり（↓P38）、贈与があっても贈与税は非課税か、20％の定率でかかり、相続のときに相続税で精算するというものです。

相続時精算課税の制度は将来、相続が発生することを前提にしているため、原則として60歳以上の父母、祖父母などから、18歳以上の子、孫などに贈与があったときに選択できます。選択は、**贈与者ごとに父親、母親と別々にすることが可能**です。ただし、一度この制度を選択すると、取り下げて暦年課税に戻すことはできません。

翌年の贈与税申告の際に、「相続時精算課税選択届出書」を提出すれば、相続の開始までずっと相続時精算課税になるわけです。

相続時精算課税のメリット・デメリット

相続時精算課税の制度を選択すると、選択した贈与者からの贈与については、２５００万円まで贈与税が非課税、超えた分については一律20％の贈与税になります。これによるメリットは、何よりも親世代が元気なうち、早い時期から贈与税の心配なく、生前贈与ができることです。

「相続時精算課税制度」のメリットは？

- 2500万円まで贈与税非課税
- 2500万円超は一律20％の贈与税

↓

早い時期に生前贈与ができる！

つまり

- 相続でもめる原因を取り除ける

さらに

- 収益があがる物件を贈与すれば相続税対策になる
- 値上がりする財産を贈与すれば相続税対策になる

新設された
110万円の基礎
控除額も意外に
メリットです
相

相続でもめる心配があるときは、当事者たちの納得を得たうえで、生前贈与しておくといった使い方もできます。

また、たとえば賃貸マンションなど収益をあげる財産は、早めに生前贈与しておくと、収益も受贈者に移転して相続税対策になるというのもメリットです。

さらに、相続時精算課税制度で贈与した財産は、贈与時の評価額で相続時に課税されるという特徴があります。つまり、たとえば値上がりしそうな土地などの財産があるときは、早めに生前贈与しておくと、値上がり分が相続税対策になるわけです。

意外なメリットになるものとして、２０２４年分から新設された相続時精算課税制度の基礎控除額（１１０万円）があります。こちらの基礎控除額は、暦年課税の場合と違って、生前贈与加算（→Ｐ208）の対象にならないため、相続税も贈与税もかかりません。

また、１１０万円以下の贈与は申告と納税が不要になるため、それ以前は相続時精算課税制度のデメリットだった申告・納税の手間が省けます。

以上のようなメリットに対して、相続時精算課税最大のデメリットとして、小規模宅地等の特例が使えないことがあげられます。

「小規模宅地等の評価減の特例」は、一定の要件を満たすと土地の相続税評価額が最大80％減額できる特例で、相続税の軽減に大きく役立つことが多いものです（→P166）。しかし、あくまでも相続や遺贈された土地に対するものなので、相続時精算課税の生前贈与のときには適用できません。土地については、相続時精算課税か、小規模宅地等の特例か、どちらか選ぶことになります。**場合によっては、相続時精算課税制度で生前贈与するより、ふつうに相続して小規模宅地等の特例を適用したほうが、税金が安くなる**ケースが出てきます。土地の生前贈与は、相続時精算課税制度でかえってソンをする場合があるわけですから、慎重に行ないたいものです。

「小規模宅地の特例」は使えない

土地

相続時精算課税制度を使って生前贈与

↓

贈与税が非課税または20％を選ぶか

土地

小規模宅地等の評価減の特例を使って相続

↓

土地の評価額が最大80％減を選ぶか

土地の生前贈与は要注意
かえってソンをすることも

その⑥　贈与税が非課税・軽減になる特例いろいろ

暦年課税でも使えて、贈与税が非課税や軽減になる特例もあります。いずれも、住宅資金、教育資金、結婚・子育て資金に限定して、一定の贈与額までを非課税とするものです。この措置で贈与税がトクになることを説明すれば、父母などからの資金援助もスムーズにもらえるかもしれません。

「住宅取得等資金に係る贈与税の非課税措置」

まずは住宅資金です。２０２４年から２０２６年までの間に取得する住宅用家屋で、18歳以上の人が父母や祖父母など直系尊属から、住宅の取得に充てるための金銭の贈与を受けた場合に利用できます。

非課税枠は最大１０００万円で、耐震、省エネ、バリアフリーの「良質な住宅用家屋」が１０００万円、その他の住宅で５００万円まで非課税です（震災特例法の良質な住宅用家屋は１５００万円、それ以外の住宅用家屋は１０００万円）。

受贈者は、贈与を受けた年の合計所得金額が２０００万円以下（家屋の床面積が40平方メートル以上50平方メートル未満では１０００万円以下）の所得要件があります。住宅の省エネ基準や、住宅の床面積などに細かい適用要件がありますが、「住宅取得等」とあるように、住宅と同時に取得する土地、住宅用家屋の増改築にも利用できます。

井上さん（仮名）も、この措置を利用して父親から資金援助をもらい、マイホームを買ったひとりです。しかも、井上さんが家を買った２０１０年には、非課税枠が１５００万円あったとか。

「当時は、マイホーム買うの早すぎるかなと思ったけど、今になってみるとちょうどよかったですね。贈与税も今に比べて５００万円分、トクしたわけだし」と、井上さんは振り返っていました。

「教育資金の一括贈与に係る贈与税の非課税措置」

教育資金については、祖父母が一括して拠出した場合に、30歳未満の子・孫ごとに１５００万円まで贈与税が非課税になる措置があります。

一括して拠出するため、金融機関に子・孫名義の口座などを開設することが必要です。非課税の申告書も、金融機関経由で提出します。

教育費の範囲は、主に学校などへの入学金や授業料とされています。塾や習い事の月謝にも使えますが、学校以外への支払いは５００万円が限度です。

ただし、受贈者が30歳になったり（ただし在学している場合を除く）、教育資金口座の契約が終了したときに、残額や教育資金以外の支払いがあると、その年に残額分の贈与があったものとして課税されます。

また、教育資金口座の契約が終了する前に贈与者が死亡した場合は、学校等に在籍しているなど一定の要件を満たす場合を除いて、相続等があったものとみなされます。孫の場合は、相続税の2割加算（↓巻末❶）の対象になるわけです。受贈者の前年の合計所得金額が１０００万円を超える場合には、非課税の措置を受けることができません。

この教育資金の贈与税非課税措置は、２０２６年3月までとなっています。

「結婚・子育て資金の一括贈与に係る贈与税の非課税措置」

教育資金の非課税措置とほぼ同様のしくみで、結婚・子育て資金を贈与してもらう場合の措置です。非課税枠は１０００万円、うち結婚の費用は３００万円までとなっています。

受贈者の子・孫は、18歳以上50歳未満でなければなりません。受贈者が50歳に達する日に口座は終了し、残額に贈与税が課税されます。また、贈与者が死亡した場合は、残高が相続財産に加算される決まりです。

受贈者の所得要件は、前年の合計所得が１０００万円以下、２０２５年3月までの措置になっています。

第4章

相続財産の「財産評価」をしてみよう

相続する財産は全部でいくらあるのか——。
相続税対策のためにも、
土地や建物などの評価額の計算を
知っておきましょう。

1

財産評価は、どのように行なうか？

まず「財産目録」を作成して財産と債務を把握する

●財産目録をつくってチェックする

将来の相続税対策を考える際にも、いつか来る相続に備えるためにも、まず現在の財産と、それに債務も忘れずに把握することが大切です。「財産目録」を作成してみましょう。

遺言に添付する場合などは、財産の種類ごとに詳細な財産目録を作成しますが、相続税対策などでは、左にあげたような財産と内容を書き出した、**簡易な形式のもので充分**です。むしろ、財産と負債をひと目で見渡せるので役に立ちます。

作成した財産目録で、次のような事柄をチェックしてみましょう。

①どれくらいの財産があり、相続税額はどのくらいになるか？
②生前贈与をして相続税の軽減に役立つ財産はないか、それはどれか？
③評価減できる財産はないか、それはどれか？
④現状の財産は相続人がうまく分割できる状態か、そのためにしておくことはないか？

「財産目録」に書き出す財産、内容は?

●財産目録に書き出す財産

- ●預貯金・現金……銀行預金、預貯金以外で所持している金銭など
- ●有価証券……株式、投資信託、国債、社債、外貨預金、手形、小切手など
- ●生命保険、損害保険など……被相続人が受取人になっているもの
- ●不動産（土地）
- ●不動産（建物）
- ●債権……貸付金など
- ●その他……自動車、ゴルフ会員権、書画骨董、宝石・貴金属など
- ●負債……借入金、各種ローンなど

●財産目録に書き出す内容

- ●預貯金……金融機関名、支店名、口座種別、口座番号、残高など
- ●有価証券……有価証券の種類、銘柄、証券会社名、数量、額面、評価額など
- ●生命保険、損害保険など……保険会社名、保険の種類、証書番号、保険金額、契約者など
- ●不動産（土地）……所在、地番、地目、地積など
- ●不動産（建物）……所在、家屋番号、建物の種類、床面積など
- ●債権……債務者名、債権の内容、残額など
- ●その他の財産……財産の種類、内容、評価額など
- ●負債……債権者名、負債の内容、残額、返済月額など

⑤相続税の納税に充てられる預貯金などの金融資産は充分にあるか？
⑥相続になった場合、処分して納税に充てられない財産があるか、それはどれか？
⑦配偶者の老後のために、確保しておきたい財産はあるか、それはどれか？

◉——財産の評価額を目安で計算してみる

これら、いずれ相続・贈与される財産に、税額を計算するための値段をつける作業を「財産評価」といいます。**財産評価は、相続税の計算の中でも一番むずかしい**といわれるものです。

預貯金や現金は、残高がそのまま評価額になるので簡単ですが、たとえば株式や投資信託などの有価証券には、価格が変動するものがあります。土地や建物などの不動産は、売る側買う側の都合によっても実際の売買価格が変わってくるでしょう。

このような財産評価の方法は、財産の種類に応じて税法で定められています。土地には土地の評価方法が、建物には建物の評価方法があり、株式は、ゴルフ会員権は、自動車は……というように、種類ごとに決まっているわけです。

もっとも、実際の財産評価となると定めがあってもむずかしく、専門家でも評価に悩むケースがよく見受けられます。

そこで、相続・贈与がまだ現実のものでなく、相続税対策や、将来の相続を考えるための段階なら、左のような目安で計算することも可能です。簡便法ですが、そのような段階の検討には充分でしょう。

以下この章では、相続に際して評価が必要な財産のうち、一般的なものについて計算方法などを説明していくことにします。

財産評価額の目安はどれくらいか？

田・畑	土地の時価×0.8
宅地（自用地）	土地の時価×0.8
宅地（貸地）	土地の時価×0.7
その他の土地	土地の時価×0.8
借地権	土地の時価×0.7
家屋	固定資産税評価額
事業用資産	確定申告書上の簿価
上場有価証券	時価
預貯金等	残高
ゴルフ会員権	時価×0.7
その他	時価

相続税対策のためなどなら
財産評価の代わりに
目安で計算することもできます

2

土地は、どのようにして評価したらいい？

「相続税評価額」が基本だが、時価で評価できることも……

財産の評価と聞くと、まず思い浮かぶのは不動産――土地や建物でしょう。実際、**相続財産で大きな割合を占めているのは不動産、中でも「宅地」**です。宅地とは住居や事務所の敷地になる土地のことをいいます。宅地の評価額は、財産の中でも大きな金額を占めているので、相続税の計算上、どう評価されるかは重要なポイントです。

土地の評価額を求める方法としては、次項で説明する「相続税評価額」のほかにも、左の図のようなものがあります。

「実勢価格」とは、実際の売買価格のことです。「地価公示価格」は、国土交通省が毎年1月1日現在の、標準地の価格を公開しているもの。「基準地価格」は、地価公示価格を補うものとして都道府県が毎年7月1日現在の、基準地の価格を公開しています。「固定資産税評価額」は、固定資産税などの課税のために、固定資産評価基準に基づいて、市(区)町村が決めるものです。

ちなみに、相続税評価額は地価公示価格の8割程度、固定資産税評価額は7割程度を目安に算出されているといわれます。

なお、土地の評価額は、次項で説明する路線価方式や、倍率方式で算定するのが基本ですが、時価が路線価方式などによる評価額を下回っていることを、明確に証明できる場合は、時価で申告してもよいとされています。この場合の時価とは、実勢価格や地価公示価格などのことです。ただし、その場合、時価の評価は第三者、たとえば不動産鑑定士などに依頼する必要があります。

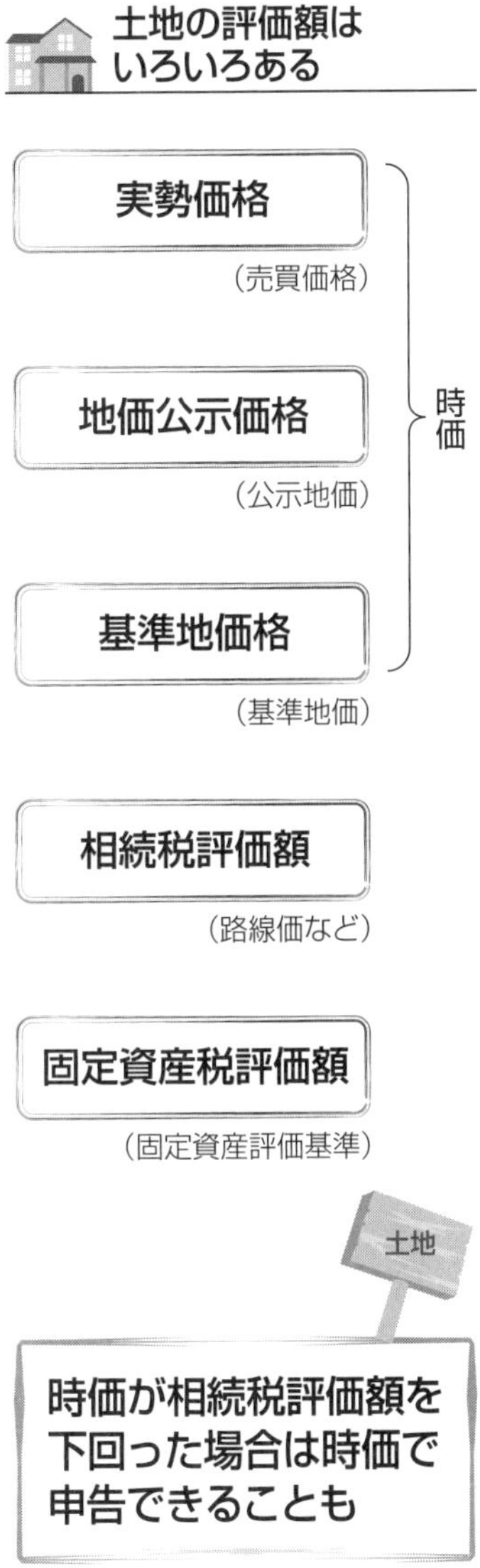

3

宅地を「路線価方式」で評価するには？①

「路線価図」を調べて路線価などを求める

相続税評価額を求めるために土地を評価する方法には、「路線価方式」と「倍率方式」の2つがあります。倍率方式は、路線価が付されていない土地の評価に使うものです。まず、路線価方式を見ていきましょう。

路線価方式は、市街地にある宅地で、面する道路に付された価額（路線価）をもとに、宅地の形などに応じた修正を加えて評価額を決める方法です。路線価を記載した地図（路線価図）は、国税庁のホームページでも見られます。「路線価図」で検索すれば、すぐに見つかるでしょう。

路線価を調べるには、まず路線価図上で調べたい土地を探します。左の例のように、住居表示と登記上の地番の両方が記されているので、これを頼りに探せるでしょう。見つかったら、土地が面している道路の、矢印の上の数字とアルファベットを見ます。

数字が路線価で、平方メートル当たりの金額（単位千円）です。アルファベットは「借地権割合」で、貸付地を評価する際に必要になります（→P144）。

路線価と借地権割合が○などの記号で囲まれている場合は、地区の種類（地区区分）をあらわし、たとえば○は「普通商業・併用住宅地区」です。普通住宅地区なら無印になります。これらの地区区分は、修正を加えるときに使います（→P140）。記号の中の黒塗りや斜線は、地区と借地権割合の適用範囲をあらわすものです。

路線価図から土地の路線価を調べる

●路線価図の見方

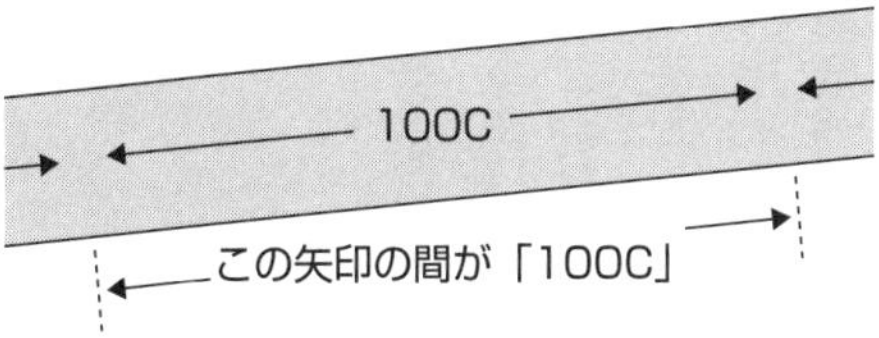

- ●路線価は１㎡当たり100千円
- ●無印なので普通住宅地区
- ●「C」は借地権割合70%の記号

●路線価図の例（部分）

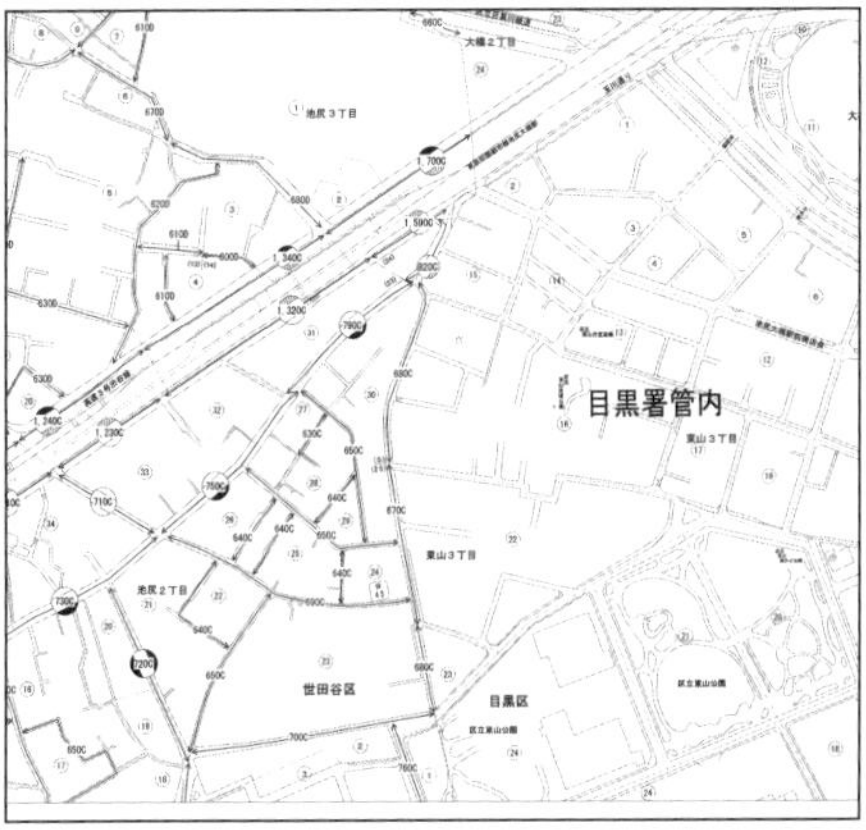

路線価図から路線価を計算するのに必要な情報が得られます

4

宅地を「路線価方式」で評価するには？②

宅地の形によって路線価を修正する

◉路線価を修正する計算は「補正率」「加算率」で

実は、路線価図の路線価の価額は、間口の広さと奥行の長さがほぼ同じ正方形か、それに近い形の宅地を想定しています。しかし、実際の宅地は細長かったりするものです。そこで、宅地の形や立地によって、路線価図の価額を修正します。この修正の計算は、一定の修正率（補正率）を掛けるものです。補正率には、次のようなものがあります。

- **奥行価格補正率**
- **側方路線影響加算率**
- **二方路線影響加算率**
- **不整形地補正率**
- **間口狭小補正率**
- **奥行長大補正率**
- **がけ地補正率**
- **特別警戒区域補正率**

◉補正率、加算率を使って計算してみよう

まず、基本の「奥行価格補正率」の計算を見てみましょう。**奥行価格補正率**は、一方だけ道路に面し、間口より奥行が長い宅地で使います。道路から離れるほど、土地の価値が低くなるという考え方に基づいたものです。

「奥行価格補正率」で路線価を修正するには?

計算例　普通住宅地区の整形地のケース

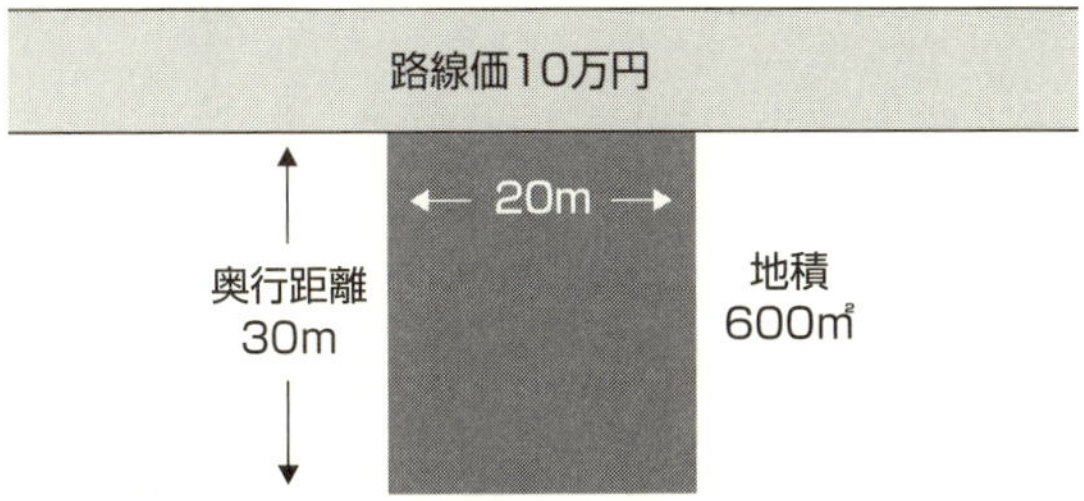

（路線価）　（奥行価格補正率）（1㎡当たり評価額）

10万円 × 0.95 ＝ 9.5万円

（1㎡当たり評価額）　（地積）　（評価額）

9.5万円 × 600㎡ ＝ 5700万円

●奥行価格補正率表（普通住宅地区のみ）

<table>
<tr><th>奥行距離(m)</th><th>補正率</th><th>奥行距離(m)</th><th>補正率</th><th>奥行距離(m)</th><th>補正率</th></tr>
<tr><td>4未満</td><td>0.90</td><td>28以上 32未満</td><td>0.95</td><td>68以上 72未満</td><td>0.84</td></tr>
<tr><td>4以上 6未満</td><td>0.92</td><td>32以上 36未満</td><td>0.93</td><td>72以上 76未満</td><td rowspan="2">0.83</td></tr>
<tr><td>6以上 8未満</td><td>0.95</td><td>36以上 40未満</td><td>0.92</td><td>76以上 80未満</td></tr>
<tr><td>8以上 10未満</td><td>0.97</td><td>40以上 44未満</td><td>0.91</td><td>80以上 84未満</td><td rowspan="2">0.82</td></tr>
<tr><td>10以上 12未満</td><td rowspan="5">1.00</td><td>44以上 48未満</td><td>0.90</td><td>84以上 88未満</td></tr>
<tr><td>12以上 14未満</td><td>48以上 52未満</td><td>0.89</td><td>88以上 92未満</td><td rowspan="3">0.81</td></tr>
<tr><td>14以上 16未満</td><td>52以上 56未満</td><td>0.88</td><td>92以上 96未満</td></tr>
<tr><td>16以上 20未満</td><td>56以上 60未満</td><td>0.87</td><td>96以上 100未満</td></tr>
<tr><td>20以上 24未満</td><td>60以上 64未満</td><td>0.86</td><td rowspan="2">100以上</td><td rowspan="2">0.80</td></tr>
<tr><td>24以上 28未満</td><td>0.97</td><td>64以上 68未満</td><td>0.85</td></tr>
</table>

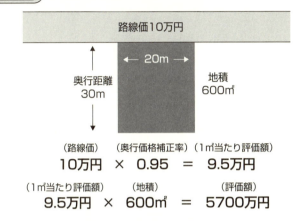

計算は簡単で、路線価に補正率を掛け、宅地の面積（地積）を掛けるだけです。このとき、補正率は地区区分に応じたものを使用します（前ページの表は普通住宅地区だけを抜き出したものです）。

次に、**「側方路線影響加算率」**は、2方向で道路に面している宅地で使います。このような宅地（角地）は、一方だけ道路に面した宅地より、価値が高いという考え方です。

この場合、まず「正面路線価」を補正し、次に「側方路線価」の加算額を計算し、2つを合計した額に地積を掛けると評価額になるという計算をします。

正面路線は、路線価が高いほうか、路線価が同じ場合は間口が広いほうです。まず正面路線からの奥行距離で奥行価格補正率を求め、正面路線の路線価を補正します。

次に、側方路線からの奥行距離で補正率を求めて掛け、さらに側方路線影響加算率を掛けて、側方路線の加算額を計算するわけです。加算率の表は掲載していませんが、普通住宅地区の宅地の場合は0・03となっています。

なお、倍率方式を用いる場合は、「固定資産税評価額」と「評価倍率」を計算に使用します。左下の囲みを参照してください。固定資産税評価額は、市町村役場などで閲覧できる「固定資産税台帳」で、評価倍率は路線価図と同じホームページでわかります。

「側方路線影響加算率」で路線価を修正するには?

計算例　普通住宅地区の角地のケース

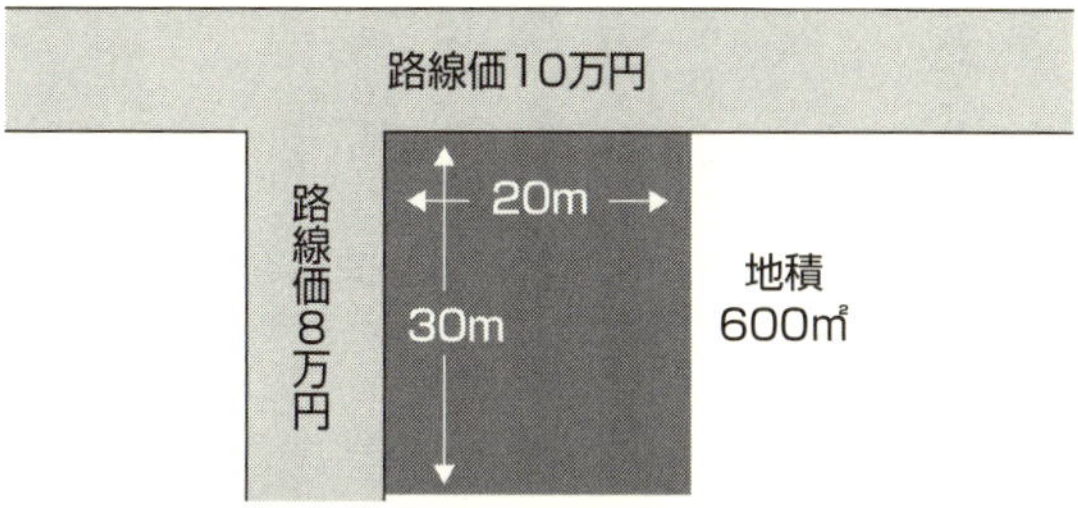

（正面路線価）（奥行価格補正率）（補正後の正面路線価）
10万円 × 0.95 ＝ 9.5万円

（側方路線価）（奥行価格補正率）（側方路線影響加算率）（加算額）
8万円 × 1.00 × 0.03 ＝ 2400円

（補正後の正面路線価）（加算額）（1㎡当たり評価額）
9.5万円 ＋ 2400円 ＝ 9.74万円

（1㎡当たり評価額）（地積）（評価額）
9.74万円 × 600㎡ ＝ 5844万円

倍率方式の計算の仕方

固定資産税評価額 × 評価倍率 ＝ 相続税評価額

倍率方式は、路線価が付されていない地域で、相続税評価額を算出するときに使用します。所在地の市（区）町村の固定資産税台帳に登録された固定資産税評価額に、一定の評価倍率を掛けて相続税評価額とする方式です。

5

貸している土地、アパート・貸家の土地は？

⬇アパートなどにしている土地は評価額が下がる

同じ土地でも他人に貸していたり、アパートを建てていたりすると、相続税評価額が変わります。借地権などが発生しているため、土地の所有者の自由にならないからです。

貸し付けている宅地――「貸宅地」の評価額は、通常の更地（自用地）の評価額から「借地権価額」を差し引いて求めます。借地権価額とは、更地の評価額に借地権割合を掛けたものです。以上を式に整理すると、左の図上のようになります。式の下に、具体的な借地権割合と、路線価図の記号を示しています。

土地を他人に貸すと、自分で使っているより相続税評価額が下がるわけです。

では、土地を貸すのでなく、貸家やアパートを建てて貸したら、土地の評価額はどうなるでしょうか。これを「貸家建付地」といいますが、貸家建付地ではさらに「借家権割合」「賃貸割合」を掛けて、借地権割合にあたるものが下がり、貸宅地より評価額が上がります。式にすると、左下のとおりです。賃貸割合とは、貸し付けている部屋の床面積の割合で、借家権割合は全国一律で30％になっています。

貸家建付地では、土地も建物も貸主の所有ですから、借地権のような強い権利は発生していないと考えられるため、土地の評価額は単なる貸宅地よりも高くなります。

このように、土地を貸したり、貸家やアパートを建てたりすると、土地の評価額が下がるわけです。土地を持っている人には、有力な相続税対策となるでしょう（↓P214）。

他人に貸したり、アパートを建てている土地の評価額は?

●貸している土地（貸宅地）のケース

自用地の評価額 ×（1－ 借地権割合 ）

＝ 貸宅地の相続税評価額

●路線価図の記号と借地権割合

記号	借地権割合	記号	借地権割合
A	90%	E	50%
B	80%	F	40%
C	70%	G	30%
D	60%		

●アパートなど（貸家建付地）のケース

自用地の評価額 ×（1－ 借地権割合 × 借家権割合 × 賃貸割合 ）

＝ 貸家建付地の相続税評価額

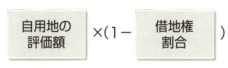

6

自宅やアパートの建物は、どう評価するか？

➡家屋の評価は「固定資産税評価額」が基本

土地の上に載る建物――家屋も、評価の方法が決まっています。家屋は「固定資産税評価額」で行なうのが原則です。事業用、居住用を問わず、**原則として1軒の家屋ごとに評価**します。評価方法は「倍率方式」（→P142）ですが、自分で使用している場合の倍率は「1」になるので、固定資産税評価額とイコールになるのが通常です。

ちなみに、家屋には電気設備や給排水設備、ガス設備など、いろいろな設備が付属していますが、これらは家屋の一部とみなされるので、あらためて評価する必要はありません。

一方、門や塀、庭木・庭石・池などの庭園設備は、家屋から独立しているので、原則としては評価することが必要です。門や塀などは「再建築価額」（→巻末❷）、庭園設備は「調達価額」（→巻末❹）の70％で評価することになっています。

ただし、実務的には、よほど立派なものでなければ、評価されていません。

家屋でも（アパート、マンションなど形態を問わず）、他人に貸している場合は、借家人の借家権を考慮することが必要です。そこで、貸家になっている家屋については、通常の評価額から借家権の価額をマイナスします。借家権割合は通常30％なので、一般的には**貸している家屋の固定資産税評価額の70％が相続税評価額**です。

また、都市部ではときどき、「住居付き賃貸」も見かけます。家主の一家が最上階に住み、下層階をマンションとして貸し出すなどのケースです。このような場合は、居住部分と貸家部分を分けて計算します。居住部分は固定資産税評価額そのままで、貸家部分は借家権の30％分をマイナスして評価し、合計額を相続税評価額とするわけです。

家屋のケース別評価の方法

●自分で使用しているケース

固定資産税評価額

（そのまま）

●家屋の付属設備

評価は不要

（家屋の一部とみなす）

●門や塀、庭園など

再建築価額、調達価額

（実務では評価しない）

●他人に貸しているケース

固定資産税評価額の70％

（借家権の価額を引く）

●住居付き賃貸のケース

分けて評価した合計額

（住居と賃貸を分ける）

評価の基本は
固定資産税評価額です

その⑦　所有権がなくても自宅に住める「配偶者居住権」

土地と家屋の評価額が大きいと、遺産分割の際に困ることがあります。たとえば、木村さん（仮名）のケースでは、残された妻（子どもから見た母親）に、住み慣れた自宅に住み続けてもらおうとしました。

しかし、夫の遺産は自宅の土地建物（評価額2000万円）と、預貯金や株式（評価額3000万円）。これを法定相続分で分けようとしたので、自宅の土地建物を妻が相続すると、預貯金などは500万円しか相続できません。これでは、老後の資金として心もとないと木村さんたちは考えました。

そこで、木村さんたちが利用したのが「配偶者居住権」の制度です。土地建物の所有権を配偶者居住権と「負担付所有権」に分け、子どもである木村さんは負担付所有権を相続します。木村さんたちの場合、負担付所有権と配偶者居住権はそれぞれ1000万円となり、母親は老後の資金として預貯金1500万円を相続できたうえ、配偶者居住権により一生、安心して自宅に住み続けられるようになりました。

配偶者居住権には、次のような要件があります。

①残された配偶者が、亡くなった人の法律上の配偶者であること

②残された配偶者が、亡くなった人が所有していた建物に、亡くなったときに居住していたこと

③⑴遺産分割、⑵遺贈、⑶死因贈与、⑷家庭裁判所の審判の、いずれかにより配偶者居住権を取得したこと

以上の要件を満たしていれば、配偶者居住権が権利として発生しています。ただし、第三者に対抗するためには、配偶者居住権の設定登記が必要です。この登記は、配偶者と建物の所有者の共同申請になります。また、設定登記ができるのは建物だけで、土地には登記できません。

この配偶者居住権は、配偶者の死亡によって権利が消滅します。つまり、負担付所有権はもともとの所有権に戻るわけです。

このとき、相続税はかからないことになっています。ですから、配偶者居住権の設定は節税につながることもあります。

7 上場株式は、どの時点の株価で評価するか？

⬇4つの価格のうち最も低い価格で評価する

相続財産の最も大きな部分を占めるのは土地・建物ですが、**上場株式もかなり大きな部分を占めています**。上場株式の評価額となる時価――株価は、インターネットでも簡単に調べられるのでわかりやすいものです。

しかし反面、株価は時々刻々と変動するので、問題はどの時点の株価を評価額とするかでしょう。もし、史上最高値などが評価額になってしまったら、相続人は何の過失もないのに、高額の相続税を払わされることになります。

そこで上場株式の評価額は、期間の幅を持たせて、左の4つの価格のうち、最も低い価格で評価してよいとされています。通して見れば3カ月の幅があることになり、これだけあれば納得のいく評価額を得ることができるでしょう。

なお、図にある「課税時期」とは、相続、遺贈、または贈与があった日のことです。相続の場合は、被相続人が死亡した日ということになります。

課税時期（被相続人が死亡した日）が休日などで、最終価格（終値）がないときは、その日の前日以前の最終価格か、翌日以後の最終価格のうち、課税時期に最も近い日の最終価格を評価額とします。前日と翌日など、最も近い日が同じ間隔で2日あるときは、2つの最終価格の平均額とする決まりです。

上場株式の評価方法は最も低い終値としてよい

評価方法　以下のうち最も低い価格

①課税時期の最終価格

②課税時期の属する月の最終価格の平均額

③課税時期の属する月の前月の最終価格の平均額

④課税時期の属する月の前々月の最終価格の平均額

例　課税時期が9月15日

①9月15日の最終価格

②9月の最終価格の平均額

③8月の最終価格の平均額

④7月の最終価格の平均額

↓

このうち最も低い価格を評価額にする

3カ月の幅があるので納得できる評価額になります

8

「気配相場等のある株式」を評価する方法は？

⬇公開途上にある株式なども評価方法が決まっている

株式というと、上場株式と非上場株式という分類が一般的ですが、その中間的な株式も存在します。国税庁が「気配相場等がある株式」として分類している株式です。気配相場等がある株式とは、「日本証券業協会の登録銘柄や店頭管理銘柄または公開途上にある株式」とされています。

相続財産の株式の中に、これらが含まれていたときのために、評価方法を知っておきましょう。これらは用語がむずかしいので、複雑そうに見えますが、評価方法はむずかしくありません。

まず、登録銘柄・店頭管理銘柄の評価方法は、基本的に上場株式と同じです。課税時期の取引価格によって評価します。取引価格は、日本証券業協会が公表しているものです。**課税時期の取引価格に高値と安値があるときは、その平均額をとります。**

取引価格が変動するため、４つの価格のうち最も低い価格を評価額とできる点も同じです。登録銘柄・店頭管理銘柄の評価方法をまとめてみると、左の図上のようになります。

次に、公開途上にある株式には「公開価格」というものがあります。この公開価格が、そのまま評価額です。

気配相場等のある株式には、課税時期に取引価格がないなど、一定の修正が必要な場合があります。必要な場合は、国税庁のホームページなどで調べるとよいでしょう。

「気配相場等のある株式」も評価方法はむずかしくない

●登録銘柄・店頭管理銘柄の場合

評価方法　以下のうち最も低い価格

①課税時期の取引価格

②課税時期の属する月の毎日の取引価格の月平均額

③課税時期の属する月の前月の毎日の取引価格の月平均額

④課税時期の属する月の前々月の毎日の取引価格の月平均額

※取引価格は日本証券業協会が公表している

●公開途上にある株式の場合

評価方法　「公開価格」を評価額とする

登録銘柄・店頭管理銘柄とは店頭公開株のことです

9

取引相場のない自社株などは、どう評価するか？

4つの評価方法があるが、判定はむずかしい

◉ 2段階の判定で評価方法が決まる

被相続人が中小企業のオーナー社長だったら、その会社の株式はおそらく「取引相場のない株式」です。要するに非上場で、市場で流通していないため、相場がわからない株式ということです。これを相続するときは、その評価方法を知らなくてはなりません。

実際の評価では、かなり面倒な判定がいくつも必要になるので、税理士などの専門家に相談することになると思います。ここでは、専門家に相談できる程度の基礎知識を押さえましょう。

取引相場のない株式を評価する方法は、4つあります。どの方法になるかを判定するのが、左の図の2つのステップです。

まず、相続で株式を取得する株主が、その株式を発行した会社の経営支配力を持つ同族株主等か、それ以外の株主かを判定します。同族株主等（↓巻末❹）は3つの原則的評価

取引相場のない株式の評価方法を決める2段階のステップとは?

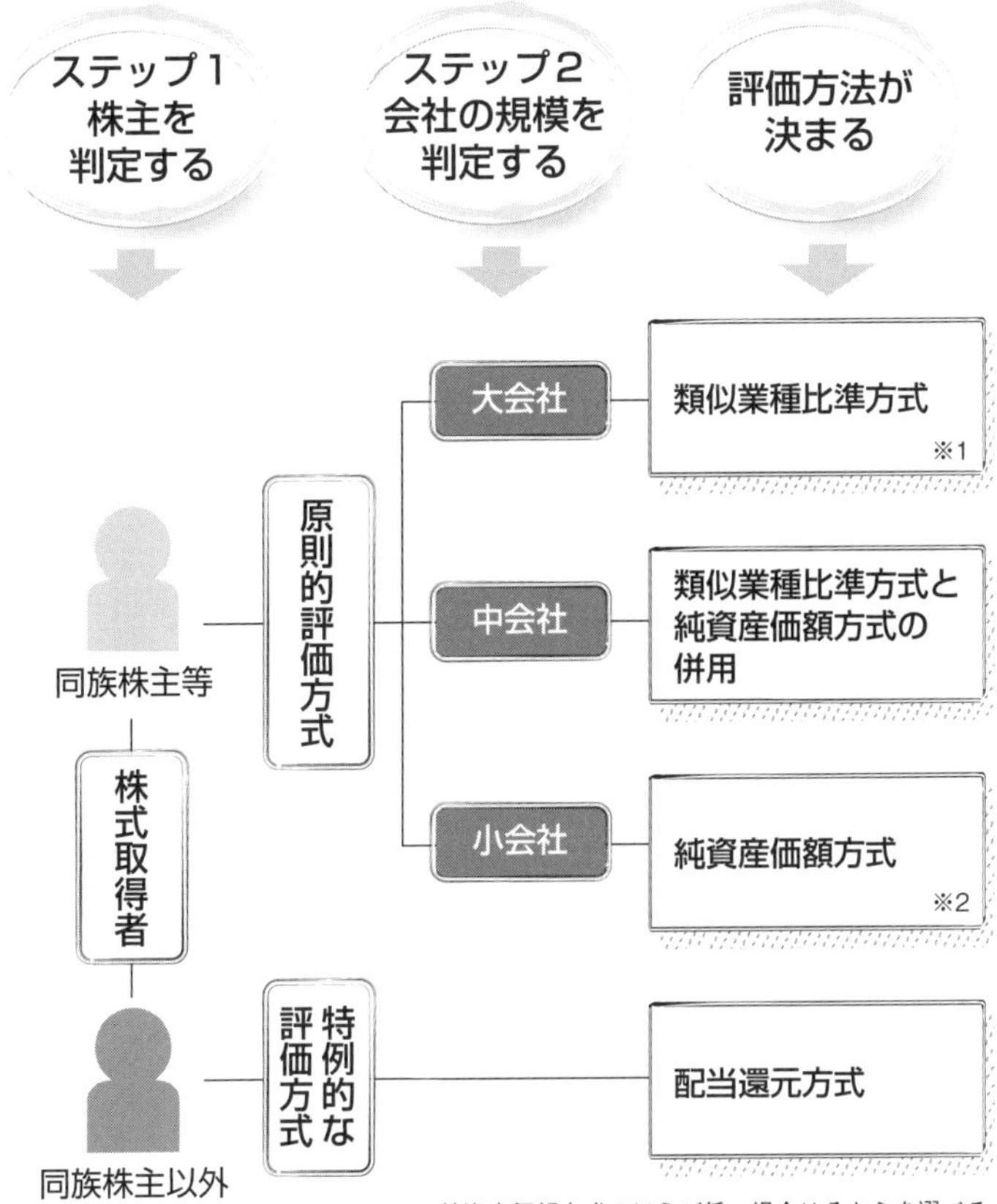

※1 純資産価額方式のほうが低い場合はそちらを選べる
※2 上記の併用方式も選べる

取引相場のない株式には
4つの評価方法があります

方式になり、それ以外の株主は特例的な評価方式である「配当還元方式」になるわけです。

一方、同族株主等に判定された場合は、第2ステップとして会社の規模区分を判定します。これは、会社の総資産価額、従業員数、取引金額によって、「大会社」「中会社」「小会社」に区分するステップです。

◉自社株などの評価額を算出する4つの方法とは？

大会社、中会社、小会社は、原則として次の方法で評価をすることになっています。

●大会社……類似業種比準方式

「類似業種比準方式」とは、評価する会社と業種が類似する上場会社の株価をもとに、評価する会社と比較して評価額を算出する方法です。1株当たりの配当金額、利益金額、純資産価額（簿価）の3つを比較します。

類似業種の業種、業種別株価などは、国税庁のホームページで閲覧できます。

●小会社……純資産価額方式

「純資産価額方式」は、会社の総資産や負債を、相続税の評価額に置き換える方法です。評価した総資産の価額から、負債や、評価差額に対する法人税等を差し引き、残りの価額を評価額とします。

●中会社……類似業種比準方式と純資産価額方式の併用

類似業種比準方式による評価額の一定割合と、純資産価額方式による評価額の一定割合を合計して評価します。

●同族株主等以外の株主……配当還元方式

以上が原則的評価方式ですが、同族株主以外の株主が取得した株式は、会社の規模に関係なく、特例的な評価方式である「配当還元方式」で評価します。配当還元方式は、株式の1年間の配当金額を、一定の利率（10％）で還元して、元本である株式の価額を評価する方法です。

自社株などを評価する4つの方法

同族株主等

類似業種比準方式

類似する業種の上場会社の株価をもとに、比較して評価額を算出する

純資産価額方式

会社の純資産を発行済み株式総数で割って評価額を算出する

併用方式

類似業種比準方式と純資産価額方式を併用して評価額を算出する

同族株主以外

配当還元方式

1年間の配当金額から逆算して、元本の株式の評価額を算出する

10

預貯金や投資信託などは、どう評価するか？

定期預金などは利息分を加えて評価する

株式に続いて、投資信託や預貯金の財産評価について見ておきます。

預貯金に評価が必要か、と思う人も多いでしょうが、定期預金などを中途解約した場合、約定利率でなく、それより低い中途解約利率が適用されるのが一般的です。つまり、相続時点で解約したら、いくらになるかを計算する必要があるわけです。また、利息からは20・３１５％の源泉課税分の控除がありますから、それを差し引かなければなりません。

次に、投資信託は日々決算型とそれ以外で評価方法が異なります。また、投資信託は一般的に高い解約手数料がかかるので、それを差し引くことが必要です。そこで、日々決算型と、それ以外の投資信託の評価方法は左の図のようになります。

投資信託以外の債券では、評価方法は左のとおりです。ここでは、上場されているものをあげましたが、これ以外では別の評価方法が必要なこともあります。**債券の評価は煩雑になりやすいので、税理士などの専門家に相談してみたほうがよい**でしょう。

預貯金と投資信託、その他の公社債の評価方法は？

定期預金　預金残高＋解約利息－源泉課税分

投資信託　中期国債ファンドなど日々決算型

１口当たりの基準価額×口数＋未収分配金－源泉課税分－解約手数料等

投資信託　日々決算型以外の投資信託

１口当たりの基準価額×口数－源泉課税分－解約手数料等

貸付信託

元本＋（既経過収益－源泉課税分）－売却手数料等

利付公社債　上場されているもの

（課税時期の最終価格＋既経過利息－源泉課税分）×券面額÷100

割引債　上場されているもの

課税時期の最終価格×券面額÷100

公社債　元利均等償還が行なわれるもの

年金など定期金に関する権利の評価に準じる

転換社債　上場されているもの

課税時期の最終価格＋既経過利息－源泉課税分

11

ゴルフ会員権、書画・骨とうその他の評価は？

クルマ、家財、事業上の資産・債権なども評価する

◉――ゴルフ会員権は取引相場のあるなしで評価方法が変わる

相続財産は土地や建物、株式や預貯金など、わかりやすいものだけではありません。人によっては、ゴルフ会員権や書画・骨とうなど、意外に高額になるものが相続財産の中に含まれることがあります。これらの評価方法も知っておきましょう。

まず、**ゴルフ会員権は、①取引相場のある会員権、②取引相場のない会員権に大別されます**。取引相場のある会員権は、左の図のように、相続発生日の取引価格の70％を評価額とするのが原則です。

ただし、ゴルフ会員権には入会金など、退会時に返還してもらえるお金（預託金）が必要な場合があります。預託金があれば、これも評価額に加えることが必要です。

取引相場のない会員権は、株主でなければ会員になれない場合は、株式としての評価額が会員権の評価額です。預託金がある場合は、相続発生日に返還してもらえる金額を預託金の評価額とし、それが会員権の評価額になります。

なお、すぐに返還してもらえず、一定の期間が経ってから返還される場合は、基準年利率（→巻末❶）の複利現価（→巻末❺）で評価する決まりです。

株式と預託金の両方がある場合は、合計を評価額とします。

ゴルフ会員権の評価方法は細かく定められている

取引相場のあるもの

●原則

相続発生日の取引価格×70%

●入会金など預託金がある場合

相続発生日の取引価格×70%
＋預託金

取引相場のないもの

●株主でなければ会員になれない場合

株式としての評価額
＝ゴルフ会員権の評価額

●入会金など預託金がある場合

相続発生日に返還される金額
＝ゴルフ会員権の評価額

●両方がある場合

株式としての評価額＋
相続発生日に返還される金額
＝ゴルフ会員権の評価額

◉書画・骨とうは専門家に鑑定を依頼する方法も考える

ゴルフ会員権の評価方法が細かく決められているのに対し、書画・骨とうの評価方法は「売買実例価額や精通者の意見価格」などを参考にするとしか定められていません。つまり、売買された実例を調べたり、書画・骨とうに精通した人の意見を聞きなさいということです。

そのため、書画・骨とうの評価額については、専門家に鑑定を依頼するのが一般的になっています。

書画・骨とう以外では、たとえば被相続人が所有していた自動車の評価が必要です。これは、同じ状態の自動車を買った場合の「調達価額」か、新品の価額から経過年数に応じた減価を控除した金額を評価額とします。

その他の家財などの評価方法は、次ページの表のとおりです。

また、個人事業で商店や工場を経営していた人の場合は、商品や製品などの棚卸資産も評価の対象になります。棚卸資産の評価額は、販売価額から適正な利潤額と予定経費の額、それに消費税を差し引いたものです。ここで利潤を差し引くのには、利潤の分には所得税がかかるため、相続税と二重課税になるのを防ぐ目的があります。

さらに、事業上の債権がある場合は、元本に利息をプラスしたものが評価額です。

書画・骨とうから事業上の債権までの評価方法

区分	評価方法
書画・骨とう	売買実例価額や精通者意見価格(専門家に鑑定を依頼するのが一般的)
自動車	調達価額か、新品の価額から経過年数に応じた減価を控除した金額
家財	原則として調達価額5万円以下のものは家財一式でまとめてもよい
事業上の棚卸資産	通常は所得税の申告計算で使われる「総平均法」「先入先出法」などをもとに評価し、利潤などを差し引く
事業上の債権	返済される元本に、前回の利息の支払日から相続発生日までの期間の利息をプラスした金額

12

国外にある財産、外貨建ての財産の評価は？

外貨建ての預金や有価証券も日本円で評価する

最近は分散投資の一環として、外貨建ての債券投資や、外貨建ての預金をする人も多いようです。国外にある財産や、外貨建ての財産についても相続税がかかり、財産評価をしなければならないのでしょうか。

被相続人が生前、日本に住んでいて、国外にも財産があった場合、国外財産にも国内にある財産と同様に相続税がかかります。国外財産の価額を、日本円に換算した額が相続税評価額です。

たとえば預金は、預け入れ金融機関が発表する相続発生日時点の為替レート（ＴＴＢレート）で、日本円に換算します。有価証券の場合は、上場している株式や投資信託については、日本における上場株式や投資信託と同様に評価し、最後に日本円に換算する決まりです。

換算した額を相続財産に加算し、国内にある財産と同様に相続税を計算します。

とくに、**５０００万円を超える国外財産を所有する人は、「国外財産調書」に注意が必要です**。12月31日時点で、５０００万円を超える国外財産を所有する人が対象で、翌年の3月15日頃までに所轄の税務署に提出しなければなりません。調書には、国外財産の種類、数量、価額（時価）、所在地などを記載します。

また現在では、国内に居住する親から、外国籍で外国に住む子や孫への相続・遺贈や贈与についても、国内にある財産、国外にある財産を問わず、相続税と贈与税の課税対象になっています。

国外にある財産も日本円で評価する

国外財産の評価は

- 預金は相続発生日の為替レートで日本円に換算する
- 上場有価証券は国内の上場株式や投資信託と同様に評価し、最後に日本円に換算する
- 日本円に換算した額を相続財産に加算し、国内財産と同様に相続税を計算する

国外に5000万円を超える財産を所有する人は「国外財産調書」を提出します
相

その⑧　自分で使っている狭い土地は評価額が下がる？

相続財産のうちでも、土地には特別大きな財産評価上の特例があります。「小規模宅地等の評価減の特例」の適用を受けると、宅地の評価額を最大80％減らすことができるのです。５０００万円の土地の評価額が１０００万円にまで下がるわけで、相続税が大きく節税できます。

このような特例があるのは、土地が生活や事業の基盤であるからです。被相続人が居住したり、事業に使っていた土地は、財産である前に、生活や事業を支えてきた基盤です。そのような土地にまで高い評価をしてしまうと、その土地を相続した人の生活や、引き継いだ事業を脅かすことになりかねません。

そこで、**一定の要件を満たす宅地には、大幅な評価減が認められている**のです。

たとえば、「特定居住用宅地等の評価減の特例」の適用を受けると、３３０㎡の限度面積まで、80％の評価減が認められます。

特定居住用宅地等とは、被相続人の居住用に使われていた宅地のことです。また、限度面積とは土地の総面積のことではなく、土地の面積のうち３３０㎡まで80％の評価減が認められ、それを超えた分は評価減ができないことを意味しています。

この特例の適用を受けるにはいくつかの要件がありますが、簡単にまとめると、次のいずれかの要件を満たすことです。

①被相続人の配偶者が取得する
②被相続人と同居していた親族が取得し、申告期限まで引き続き居住し所有している
③被相続人に配偶者も同居していた親族もいないときに、相続開始前3年以内に持ち家のない別居親族が取得し、申告期限まで所有する

③は少しわかりにくいかもしれないので、例をあげて説明しましょう。

林さん（仮名）は、仕事で長く仙台に赴任していました。父親は、配偶者に先立たれて東京で一人暮らしです。林さんは仙台暮らしが長くなったので、マイホームを買おうかとも考えましたが、定年後は東京に戻って父親と同居するつもりだったので、借家住まいでガマンしていました。

しかし、父親は林さんの定年を待たずにこの世を去り、林さんは東京の家と土地を相続することに。父親は家と土地以外にもけっこうな財産を遺していましたが、小規模宅地等の特例の適用を受けたので、相続税は無事に払えたそうです。

「この特例がなかったら、実家を売って相続税に充てるところでした」と、林さんはホッとしていました。

つまり、③の要件は、いずれ戻ってくるであろう人の生活の基盤を、評価減によって残してあげようという目的なのです。

小規模宅地等の評価減の特例は、特定居住用宅地等を含めて４つあります。

特定居住用宅地等の評価減の特例……３３０㎡まで80％

特定事業用宅地等の評価減の特例（不動産貸付用は除く）……４００㎡まで80％

特定同族会社事業用宅地等の評価減の特例……４００㎡まで80％

貸付事業用宅地等の評価減の特例……２００㎡まで50％

事業用もあるのは、事業を引き継ぐ人に事業の基盤を残す目的です。それぞれ、要件が異なるので、詳しく知りたい方は国税庁のホームページなどを参考にしてください。

なお、特例の適用を受けて相続財産の総額が基礎控除額を下回る場合でも、一定の書類を添付して相続税の申告をしなければなりません。申告書に、この特例の適用を受ける旨を記載する必要があるからです。

第5章

相続税はこうして計算する

これから申告するという人も、
具体的な予定はないという人も、
相続税の計算の流れと申告の手順を
知っておきましょう。

1

相続税の計算はどんなステップを踏むのか？

財産の合計から始めて、申告・納付まで

前章で見た相続財産の評価は、相続税の計算の中でも一番むずかしいといわれるものです。では、評価が無事に済んだら次はどうするのか——この章では、具体的な計算の仕方を見ていきます。

計算の仕方を知っていると、おおまかに試算して相続税のだいたいの金額をつかむこともできるし、節税できる部分のめぼしをつけることもできるでしょう。

ただし、**この段階で行なう試算は、あくまでも相続税の目安**です。実際の申告・納付にあたっては、税務署や税理士とよく相談して、確実に行なうようにしてください。

相続税の計算から申告・納付に至るまでの流れは、左の図のようになっています。

ややこしく見えるかもしれませんが、これは実際にどう分けたかに関係なく、まず法定相続分で相続したものとして、総額を計算するからです。これにより、相続財産の分け方にかかわらず、相続税の総額が同じになります。

その後、実際の分け方に応じて、総額を各相続人に分けるので、左のようなステップを踏むことになるわけです。このような相続税の考え方を知っておけば、各ステップの計算もずっと理解がしやすくなります。

相続税の計算・申告・納付はこのステップで行なう

① 課税価格の合計額の確定

債務控除→P172

② 基礎控除額の確定

3000万円＋(600万円×法定相続人の数)→P176

③ 課税遺産総額の確定

課税価格の合計額－基礎控除額→P178

④ 法定相続分で各法定相続人へ按分

→P178

⑤ 法定相続人ごとに税額計算

仮税額の計算→P180

⑥ 相続税の総額の計算

→P180

⑦ 相続税の配偶者控除など税額控除の適用

未成年者控除、障害者控除→P184

支払税額の確定

申告・納付

ここまでを相続開始日から10カ月以内に行なう

2

相続財産の「課税価格」は、どう計算するか？

⬇債務を差し引いた純資産が課税価格

前ページの図を見るとわかるように、相続税の計算でまず行なうことは、「課税価格」を合計して確定することです。課税価格の合計とは、簡単にいうと被相続人の純資産――相続財産から債務を差し引いた金額をいいます。

この、相続財産から債務を差し引く計算が「債務控除」です。**債務控除の中身は、文字どおりの「債務」と「葬式費用」に大別**できます。

◉債務になるもの、ならないもの

文字どおりの「債務」になるのは、左の図のようにまず第一に各種の〝借金〟です。また、未払いになっている医療費や未納の税金など、被相続人が支払う義務を負っていたすべてのものが債務になります。

ただし、債務控除ができる債務は、確実と認められるものだけです。たとえば、被相続人が知人の借金の連帯保証人になっていたとしても、借金が滞りなく返済されている場合は債務になりません。

しかし、その知人の返済が滞り、相続時に被相続人が連帯保証人として返済の義務を負っていたら、債務控除の対象になります。

なお、同じ未払いでも、たとえば被相続人が生前に購入したお墓の未払代金などは、お墓が非課税財産であることから、債務控除の対象になりません。

債務控除ができる債務、葬式費用とは?

控除できる債務	債務	●借入金や銀行の当座貸越しなどの債務 ●各種のローンなどの債務 ●（事業を行なっていた場合）事業上の買掛金や未払金 ●入院費などの未払医療費
	未納の公租公課	●未納となっている被相続人の所得税など（公租） ●納期限が未到来の当年分の固定資産税や住民税など ●（事業を行なっていた場合）従業員から預かった源泉所得税

葬式費用	●通夜、告別式のために葬儀会社に支払った費用 ●通夜、告別式の飲食費用 ●寺、神社、教会などに支払ったお布施、戒名料など ●火葬、納骨にかかった費用 ●死亡診断書の発行費用

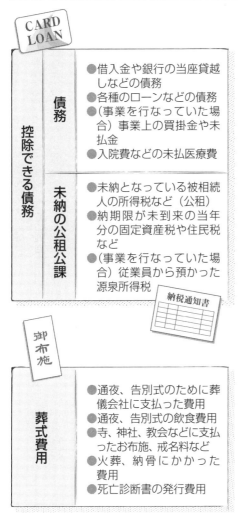

◉——葬式費用になるもの、ならないもの

次に、葬式費用のほとんども債務控除ができます。葬式費用は債務ではありませんが、葬式を執り行なうのは当たり前のことです。その費用は、相続財産の中から負担すべきものと考えられます。葬式・火葬・納骨、遺骨の会葬などに要した費用はすべて、葬式費用として控除することが可能です。

ただし、常識的な範囲を超えた過大な費用は認められません。また、次の4つは葬式費用とは考えにくいことから、控除できない費用となっています。

①香典返戻費用
②墓碑および墓地の買入費用ならびに墓地の借入料
③初七日、四十九日などの法会に要する費用
④医学上または裁判上の特別の処置に要した費用

以上をまとめると、課税価格の合計を求めるには、左のような表を使うとよいでしょう。これから相続税の試算をしてみたい場合は、表の空欄に数字をいれておいてください。

課税価格の合計を求めるこのような表を使うとよい

財産	内容等	推定評価額
宅地（自用地）		
宅地（貸宅地）		
宅地（貸家建付地）		
その他土地		
借地権		
家屋		
事業用資産		
上場株式		
気配相場のある株式		
取引相場のない株式		
預貯金		
投資信託		
貸付信託		
公社債		
ゴルフ会員権		
その他の財産		
生命保険金	保険金 □ −500万円× 法定相続人数 □ 人）	
死亡退職金	退職金 □ −500万円× 法定相続人数 □ 人）	
合計		
債務控除（葬式費用含む）		
課税価格の合計額		

3

課税価格から差し引く「基礎控除額」の計算は？

↓最低でも3600万円が基礎控除額になる

債務を差し引いて、課税価格の合計額が計算できたら、次はそこから「基礎控除額」を差し引きます。

基礎控除額は3000万円に、600万円×法定相続人の数を足します（↓P94）。ですから、**法定相続人が1人の場合でも、最低3600万円が基礎控除額**になります。もし、法定相続人が2人なら4200万円、3人なら4800万円と金額が上がっていきます。つまり、法定相続人の数が多ければ多いほど、基礎控除額は多く、払う相続税額は少なくなります。法定相続人の多さには、相続税の節税効果があるわけです。

課税価格の合計額から、基礎控除額を引いたものを「課税遺産総額」といいます。課税価格の合計額と、基礎控除額を計算して、もし基礎控除額のほうが大きければ、課税遺産総額は計算上、マイナスになります。つまり、課税されない、納めるべき相続税額はこの時点でなくなったということです。

当然、申告の必要もなくなるので、この段階で相続税の計算は終わらせてよいことになります。基礎控除額を引いても、課税遺産総額が残ったときだけ、次の計算に進むことが必要です。

もしも課税価格の合計より基礎控除額が大きかったら？

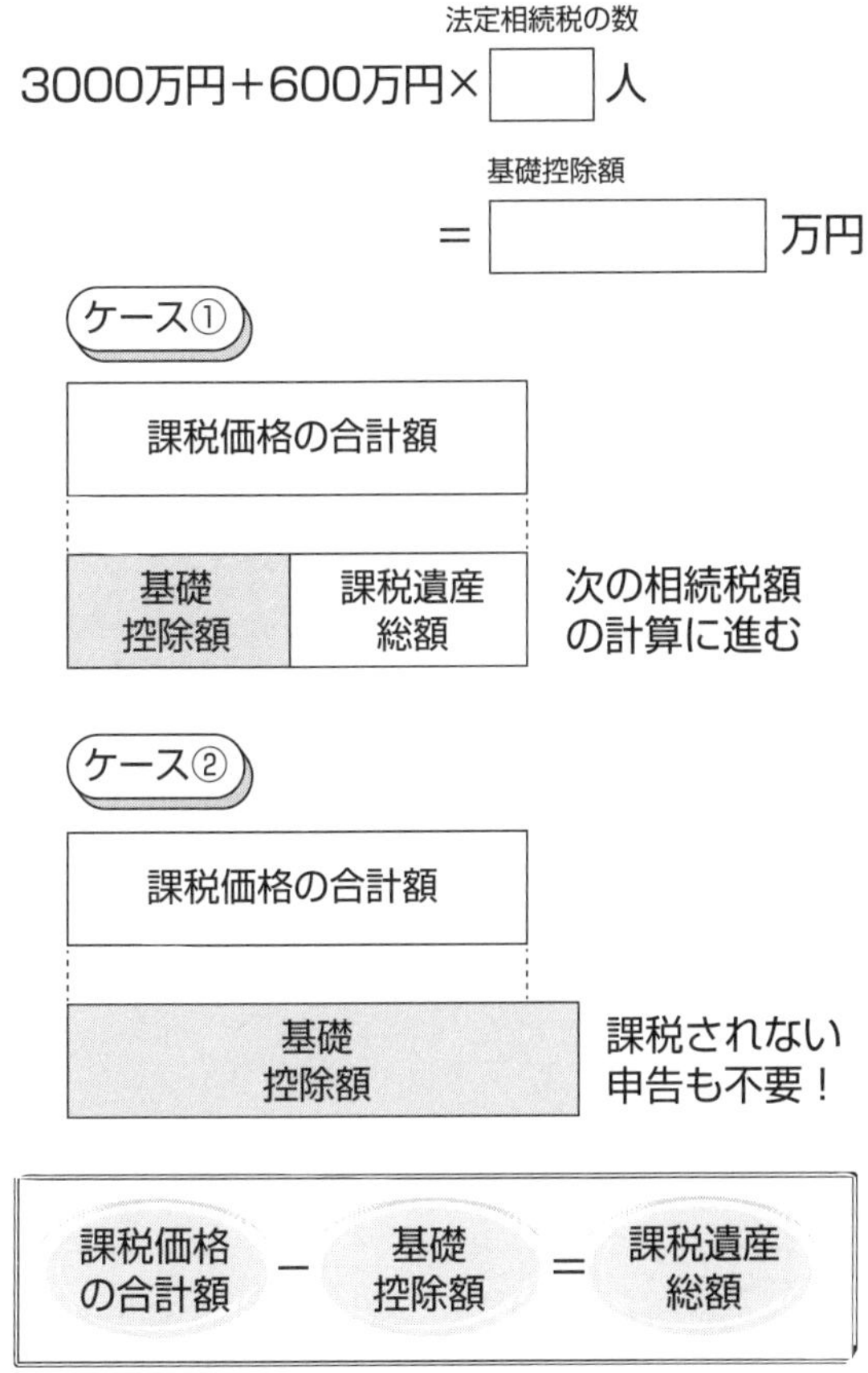

基礎控除額のほうが大きいときは相続税がかからない、申告も不要

4

各相続人の相続税額は、どう計算するか？

⬇まず「相続税の総額」を計算してから按分する

基礎控除額より課税価格の合計が大きいときは、税額の計算に入ります。前にも触れたように、相続税の計算はまず、実際の財産の分け方に関係なく、法定相続分（↓P58）で分けたものとして各相続人の税額を計算します。その税額の合計が、相続税の総額です。

◉課税遺産総額を法定相続分で分ける

たとえば、**課税価格が1億円だったとして相続税の総額を計算してみましょう**。法定相続人は、左の計算例のように妻と子２人、合わせて３人だとします。

最初に、前項で見たように基礎控除額を計算して差し引くことが必要です。法定相続人が３人の場合の基礎控除額は、計算のように４８００万円になります。

次に行なうのは、この基礎控除額を課税価格から差し引いて、課税遺産総額を計算することです。１億円から４８００万円を引いて、課税遺産総額は５２００万円となります。

この５２００万円を法定相続分で分けたとすると、左のような分け方になるわけです。

課税遺産総額を法定相続分で分けたとすると?

計算例　課税価格　1億円
法定相続人　3人（妻、長男、長女）

基礎控除額の確定　基礎控除額を計算する

3000万円＋600万円×3人＝4800万円

課税遺産総額の確定　課税遺産総額を計算する

1億円－4800万円＝5200万円

法定相続分で各法定相続人へ按分　（したものとする）

妻　5200万円×1／2＝2600万円
長男　5200万円×1／4＝1300万円
長女　5200万円×1／4＝1300万円

〔相続税の速算表〕

法定相続分に応ずる取得金額	税率	控除額
1000万円以下	10%	－
1000万円超　3000万円以下	15%	50万円
3000万円超　5000万円以下	20%	200万円
5000万円超　1億円以下	30%	700万円
1億円超　2億円以下	40%	1700万円
2億円超　3億円以下	45%	2700万円
3億円超　6億円以下	50%	4200万円
6億円超	55%	7200万円

◉──相続分の総額を実際の取得金額で按分する

相続税の税率は、各相続人の（仮に）取得した金額が大きいほど重くなる「**超過累進税率**」になっています。単純に税率を掛ける方式ではありません。そこで相続税の計算には、前ページ図下のような速算表を用います。左の図上の式のように、税率を掛けて、控除額を引くと税額が計算できるしくみです。

たとえば、妻の（仮の）相続額は2600万円ですから、税率15％を掛けて控除額50万円を引くと、（仮の）税額は340万円と計算できます。同様に、子どもたちの（仮の）相続額各1300万円の税額はそれぞれ145万円です。

このようにして計算した各相続人の（仮の）税額を合計すると、総額は630万円になります。これが、この一家3人が支払う「相続税の総額」というわけです。

最後に、相続税の総額を財産の実際の分け方――実際の取得金額に応じて按分します。たとえば、左のように実際には妻が6000万円、子のうち長男が3000万円、嫁いだ長女が1000万円を取得したとすると、その割合は6割、3割、1割です。

この割合に応じて相続税の総額を按分すると、妻、長男、長女はそれぞれ、相続税の総額のうち378万円、189万円、63万円を負担することになります。これが、各相続人が負担する相続税額です。

「相続税の総額」を求めて各相続人の相続税額を計算する

相続税額　＝各法定相続人の取得金額×税率－控除額

法定相続人ごとに税額計算

妻　　2600万円×15%－50万円＝340万円
長男　1300万円×15%－50万円＝145万円
長女　1300万円×15%－50万円＝145万円

相続税の総額の計算　　合計　630万円

実際の取得金額に応じて按分する

計算例　**実際の取得金額**

妻　　6000万円（6割）
長男　3000万円（3割）
長女　1000万円（1割）

相続税の総額×按分割合＝各人の相続税額

妻　　630万円×0.6＝378万円
長男　630万円×0.3＝189万円
長女　630万円×0.1＝　63万円
合計　630万円

各相続人が負担する
相続税額

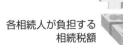

5 さらに各人の税額から差し引ける「控除」は？

配偶者の税額軽減や未成年者控除、障害者控除なども

配偶者には大きな税額の軽減がある

相続税には、税額から直接、控除ができる特例がいくつかあります。各相続人の税額の計算ができたところで、税額控除を見ておきましょう。

まず、最も控除額が大きいのが配偶者控除です。正確には「配偶者の税額の軽減」と呼ばれる制度で、配偶者が実際に取得した正味の遺産額が、次のどちらか多い金額までは、配偶者に限って相続税がかかりません。

その金額とは、**①1億6000万円、②配偶者の法定相続分相当額**、です。ですから、言い換えると配偶者の税額控除は、①1億6000万円、②法定相続分のうち、どちらか多いほうとなります。

ただし、税額軽減の金額は、遺産分割などで配偶者が実際に取得した財産をもとに計算されます。そのため、相続税の申告期限までに遺産分割（→P74）が済んでいないと、税額の軽減が受けられません（受けられる場合もあり）。

配偶者の税額の軽減は、どのように活用したらよいでしょうか。

① **課税遺産総額が3億2000万円まで**
配偶者が1億6000万円を取得します。この場合、配偶者の納税額はゼロになります。残りは他の人が取得し、相続税額を納税しましょう。

② **課税遺産総額が3億2000万円を超える**
配偶者が2分の1以上を取得します。この場合、配偶者に課税されるのは、2分の1を

「配偶者の税額の軽減」で大きな税額控除が可能！

配偶者が実際に取得した正味の遺産額が

```
① 1億6000万円
② 法定相続分
```

のどちらか多い金額までは相続税がかからない！

相続税の課税は控える

配偶者控除は夫婦間の財産の移動に課税は控え、次世代に移動するときに課税する考え方です

第5章　相続税はこうして計算する

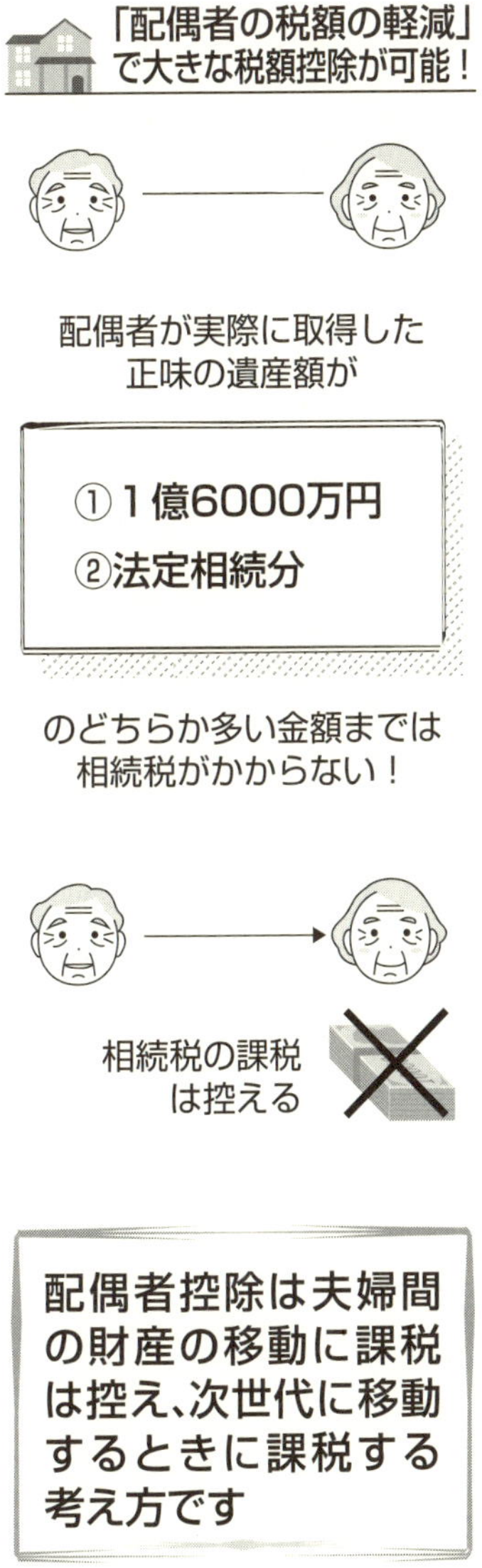

超える部分だけです。

もっとも、次に配偶者が亡くなったときには、配偶者の税額の軽減が使えず、子どもたちは配偶者が相続した財産の相続について、通常の相続税を払うことになります。ですから、完璧な節税方法とはいえませんが、とりあえずの税額を最小限に抑えるには有効です。

●未成年者控除や障害者控除もある

配偶者のほかにも、相続人の中に18歳未満の未成年者がいる場合には「未成年者控除」が利用できます。控除額は、その未成年者が満18歳に達するまでの年数１年につき10万円です。

また、「障害者控除」の制度もあります。対象は85歳未満の障害者で、満85歳に達するまでの年数１年につき10万円の控除です。特別障害者の場合は、20万円になります。

以上の年数の計算では、１カ月でも端数の月数が出た場合は、切り上げるルールです。

さらに、「相次《そうじ》相続控除」というものもあります。１次相続と２次相続が相次いだとき——具体的には、１次相続から10年以内に２次相続があったとき、一定額の控除ができるものです。控除額は、１次相続で課税された相続税額について、１年につき10％減額した額を、２次相続の相続税額から控除できます。

このほか、「贈与税額控除」は、生前贈与加算（↓P208）の対象になった贈与で贈与税を払っていた場合に、二重課税にならないよう、贈与税額を控除できるものです。

一方、「外国税額控除」では、被相続人が所有していた国外財産について、外国から相続税にあたる税金が課税された場合に、これも二重課税にならないよう、その税額を相続税額から控除できます。

以上のような税額控除には、それぞれ細かい要件や手続きがあります。利用したいと考えたときには、税務署や税理士などの専門家に相談してみてください。

ほかにもこのような税額控除が……

税額控除で相続税が安くなる

未成年者控除

満18歳に達するまで
1年につき10万円

障害者控除

満85歳に達するまで
1年につき10万円

相次相続控除

1次相続から10年以内に
2次相続があったとき

贈与税額控除

生前贈与加算の対象で
贈与税を払っていたとき

外国税額控除

外国で相続税にあたる
税金を課税されたとき

6 相続税の申告は、いつまでにするのか？

申告期限は相続開始を知った日から10カ月以内

前項までで計算した内容は、「相続税の申告書」に記入して提出します。申告書といっても1枚の紙ではなく、ぼう大な書類のたばです。左は、主なものを抜き出した一部ですが、このほかに相当の数の続・付表・別表・控用があります。左の一部を見ただけでも、これまでに説明したおなじみの内容がたくさんあることがわかるでしょう。

相続税の申告期限までに、必要な申告書をそろえて提出しなければなりません。

相続税の申告期限は「被相続人が死亡したことを知った日の翌日から10カ月以内」となっています。その日が土・日・祝日の場合は、その翌日が期限です。**提出先は、被相続人が死亡したときの住所地を所轄する税務署**になります。相続人の住所地の税務署では、受け付けてもらえません。

申告期限までに申告をしなかった場合や、実際より少ない額で申告をした場合は、本来の税金のほかに加算税や延滞税がかかる場合があります。

相続税の申告書にはこういうものがある（主なもの）

第1表・第1表（続）　相続税の申告書

第2表　相続税の総額の計算書

第3表　財産を取得した人のうちに農業相続人がいる場合の各人の算出税額の計算書

第4表　相続税額の加算金額の計算書

第5表　配偶者の税額軽減額の計算書

第6表　未成年者控除額・障害者控除額の計算書

第7表　相次相続控除額の計算書

第8表　外国税額控除額・農地等納税猶予税額の計算書

第9表　生命保険金などの明細書

第10表　退職手当金などの明細書

第11表　相続税がかかる財産の明細書

第11の2表　相続時精算課税適用財産の明細書・相続時精算課税分の贈与税額控除額の計算書

第11・11の2表の付表1～2　小規模宅地等についての課税価格の計算明細書

第12表　農地等についての納税猶予の適用を受ける特例農地等の明細書

第13表　債務及び葬式費用の明細書

第14表　純資産価額に加算される暦年課税分の贈与財産価額及び特定贈与財産価額・出資持分の定めのない法人などに遺贈した財産・特定の公益法人などに寄附した相続財産・特定公益信託のために支出した相続財産の明細書

第15表　相続財産の種類別価額表

7

相続税の申告書は、どのように入手・記入するのか？

↓「相続税の申告のしかた」も用意されている

相続税の申告書の用紙は税務署に用意され、いつでも必要なだけもらえます。インターネットでも入手することが可能です。「相続税の申告書」で検索すれば、すぐに見つかるでしょう。**毎年、税制改正があると変更されるので、必ずその年の「令和○年分用」と記載されていることを確認**してください。

申告書を入手するときに、申告書の記載方法などが説明された「相続税の申告のしかた」という手引書も、いっしょに入手しておくとよいでしょう。１００ページ以上ある詳細なもので、いろいろ役に立ちます。これも、インターネットでダウンロードが可能です。また、「令和○年分用」と、その年のものであることも確認してください。

左は、申告書の総まとめになる第１表の例です。相続人の数が多いと、この１枚に収まらないことがあるので、その場合は「第１表（続）」を使用します。

相続税の申告書とはこういうもの（第1表の例）

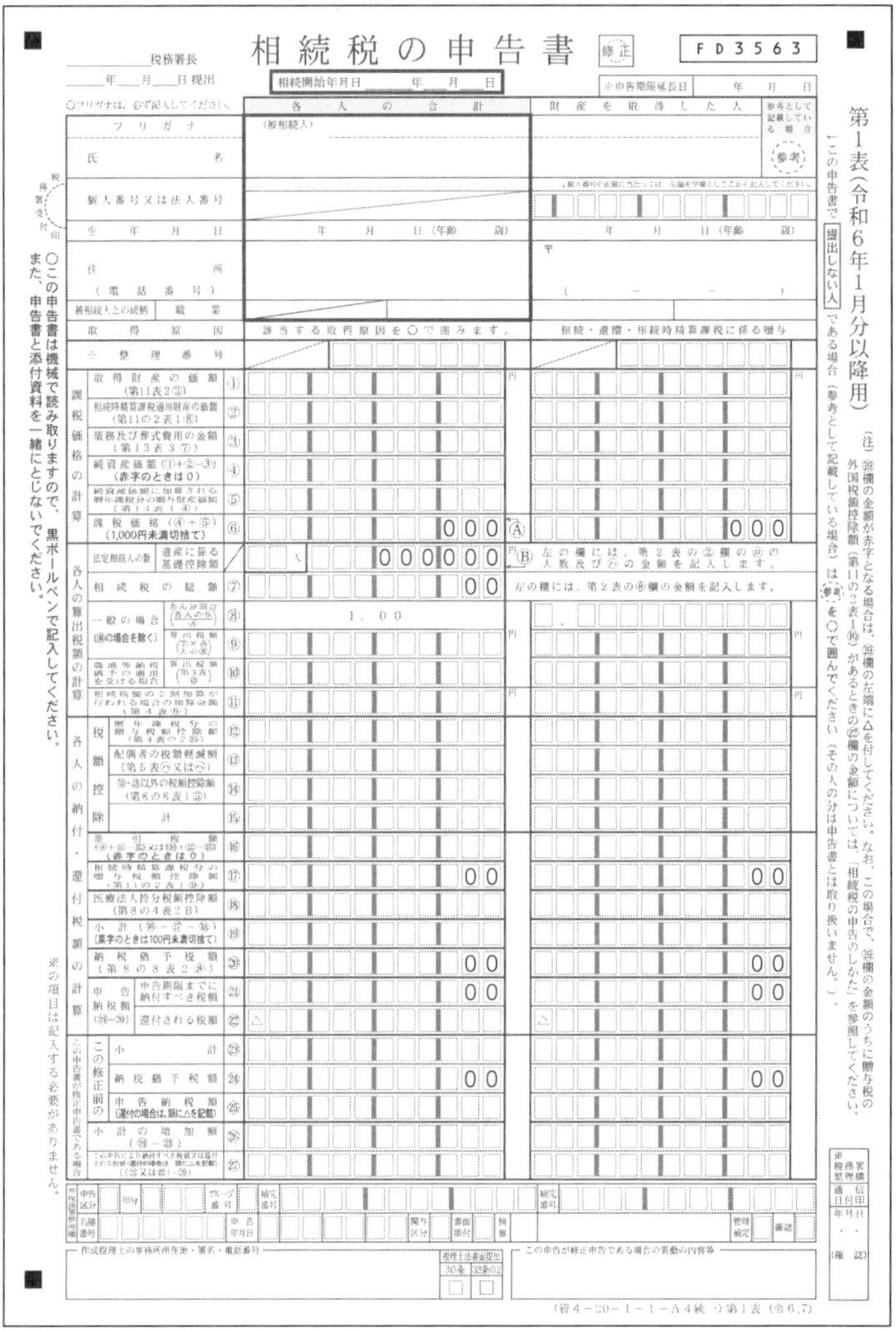

相続税の申告書

修正　　FD3563

＿＿＿＿税務署長　＿＿年＿＿月＿＿日提出　　相続開始年月日＿＿＿年＿＿月＿＿日　　※申告期限延長日　年　月　日

○フリガナは、必ず記入してください。

		各人の合計	財産を取得した人	参考として記載している場合
フリガナ		（被相続人）		
氏名				参考
個人番号又は法人番号			↓個人番号の記載に当たっては、左端を空欄としここから記入してください。	
生年月日		年　月　日（年齢　歳）	年　月　日（年齢　歳）	
住所（電話番号）			〒（　－　－　）	
被相続人との続柄	職業			
取得原因		該当する取得原因を○で囲みます。	相続・遺贈・相続時精算課税に係る贈与	
※整理番号				
課税価格の計算	取得財産の価額（第11表2③） ①	円	円	
	相続時精算課税適用財産の価額（第11の2表1⑧） ②			
	債務及び葬式費用の金額（第13表3⑦） ③			
	純資産価額（①＋②－③）（赤字のときは0） ④			
	純資産価額に加算される暦年課税分の贈与財産価額（第14表1④） ⑤			
	課税価格（④＋⑤）（1,000円未満切捨て） ⑥	000 Ⓐ	000	
各人の算出税額の計算	法定相続人の数　人／遺産に係る基礎控除額	000000 円 Ⓑ	左の欄には、第2表の②欄の回の人数及び㋩の金額を記入します。	
	相続税の総額 ⑦	00	左の欄には、第2表の⑧欄の金額を記入します。	
	一般の場合（⑩の場合を除く） あん分割合（各人の⑥／Ⓐ） ⑧	1.00	.	
	算出税額（⑦×各人の⑧） ⑨	円	円	
	農地等納税猶予の適用を受ける場合 算出税額（第3表⑬） ⑩			
	相続税額の2割加算が行われる場合の加算金額（第4表⑥） ⑪	円	円	
各人の納付・還付税額の計算	税額控除 暦年課税分の贈与税額控除額（第4表の2㉖） ⑫			
	配偶者の税額軽減額（第5表㋥又は㋭） ⑬			
	⑫・⑬以外の税額控除額（第8の8表1⑤） ⑭			
	計 ⑮			
	差引税額（⑨＋⑪－⑮）又は（⑩＋⑪－⑮）（赤字のときは0） ⑯			
	相続時精算課税分の贈与税額控除額（第11の2表1⑨） ⑰	00	00	
	医療法人持分税額控除額（第8の4表2B） ⑱			
	小計（⑯－⑰－⑱）（黒字のときは100円未満切捨て） ⑲			
	納税猶予税額（第8の8表2⑧） ⑳	00	00	
	申告納税額（⑲－⑳） 申告期限までに納付すべき税額 ㉑	00	00	
	還付される税額 ㉒	△	△	
この申告書が修正申告書である場合	この修正前の 小計 ㉓			
	納税猶予税額 ㉔	00	00	
	申告納税額（還付の場合は、頭に△を記載） ㉕			
	小計の増加額（⑲－㉓） ㉖			
	この申告により納付すべき税額又は還付される税額（還付の場合は、頭に△を記載）（（㉑又は㉒）－㉕） ㉗			

※税務署整理欄　申告区分　年分　グループ番号　補完番号　補完番号　名簿番号　申告年月日　関与区分　書面添付　検算　管理補完　確認

作成税理士の事務所所在地・署名・電話番号　　税理士法書面提出　30条　33条の2

この申告が修正申告である場合の異動の内容等

※税務署整理欄　通信日付印　年月日　（確認）

○この申告書は機械で読み取りますので、黒ボールペンで記入してください。また、申告書と添付資料を一緒にとじないでください。

※の項目は記入する必要がありません。

第1表（令和6年1月分以降用）

←この申告書で 提出しない人 である場合（参考として記載している場合）は 参考 を○で囲んでください（その人の分は申告書とは取り扱いません。）。

（注）⑲欄の金額が赤字となる場合は、⑲欄の左端に△を付してください。なお、この場合で、⑲欄の金額のうちに贈与税の外国税額控除額（第11の2表1⑩）があるときの㉒欄の金額については、「相続税の申告のしかた」を参照してください。

（資4－20－1－1－A4統一）第1表（令6.7）

8 相続税の納税は、いつまでにするのか？

⬇納税期限は申告と同じ10カ月、遅れると延滞税も……

期限内に申告ができたら、次は相続税の納付です。

納付は原則として金銭で行なうので、ある程度は事前に準備しておく必要があります。

しかし、金額が大きいケースなどでは、すぐには用意できない場合もあるでしょう。そのようなときは、延納（↓P192）や物納（↓194）の制度もあります。

この、延納、物納の手続きをしない場合、相続税の納付期限は申告期限と同じ「被相続人が死亡したことを知った日の翌日から10カ月以内」です。納付は、相続人の最寄りの金融機関でできるようになっています。

この納付期限までに納税しないと、「延滞税」というペナルティーがかかってくるので注意しましょう。

また、**申告の必要があるのに申告しないと「無申告加算税」、実際より低い額で申告すると「過少申告加算税」**、さらに脱税など悪質な場合には「重加算税」というペナルティーもかかってくる決まりです。

これらの加算税は、相続税本来の税額プラス延滞税に、さらにプラスしてかかってきますから、合計するとたいへん重い税率になります。くれぐれも〝少しくらい遅れても……〟などと、甘く見ないことです。

相続税の納付に関しては、もうひとつ、「連帯納付の義務」があることを覚えておきましょう。相続人の中に、相続税を納付しない者がいるときは、「連帯納付義務者」すなわち他の相続人が連帯して、その者の税額を納めなければなりません。

納付の遅れや無申告にはペナルティーがある

延滞税

申告はしたものの期限内に納付できなかった場合等

無申告加算税

期限内に相続税の申告をしなかった

過少申告加算税

実際より少ない額で申告した

重加算税

意図的な脱税などとくに悪質な行為をした

加算税は本来の相続税にプラスされます

9

どんな場合に「延納」が有効だろう

延納には利子税がかかる。きちんと検討してから申請しよう

相続税の納税額が大きすぎて、金銭で用意できなかったときは、「延納」制度の利用も考えなければなりません。延納は、要するに相続税の〝分割払い〟（年賦）を認めてもらうものです。

延納を認めてもらうには、左の図のような要件があり、どんな場合でも認められるわけではありません。また、担保を差し出す必要がある場合には、財産の種類にも条件があります。

さらに、延納を認めてもらうためには申請書を提出しなければなりませんが、その期限は期限内申告の場合に限られます。

延納が認められた場合、**延納できる期間は原則として5年**です。ただし、取得した財産のうちに不動産の割合が高い場合などは、20年または10年の長期の延納が認められることがあります。

延納には、〝費用〟がかかることにも注意が必要です。延納は分割払いですから、一種の利息を払うことが求められるのです。

この利息を「**利子税**」といいます。利子税の税率は、相続や遺贈で取得した財産の内容、とくに不動産の割合などに応じて決められていますが、預金金利などと比べて低いとはいえません。

ですから、場合によっては延納より、金融機関から借入れをして納税したほうがトクになるケースもありえます。延納の申請に踏み切る前によく調べて、制度を利用するか検討することが必要です。

延納が認められるには要件がある

●延納の要件

①相続税額が10万円を超えること

②金銭で納付することが困難な理由があり、その納付を困難とする範囲内の金額であること

③延納税額と利子税の額に相当する担保を提供すること（延納税額が100万円以下で延納期間が３年以内の場合は不要）

④期限までに延納申請書などを税務署に提出すること

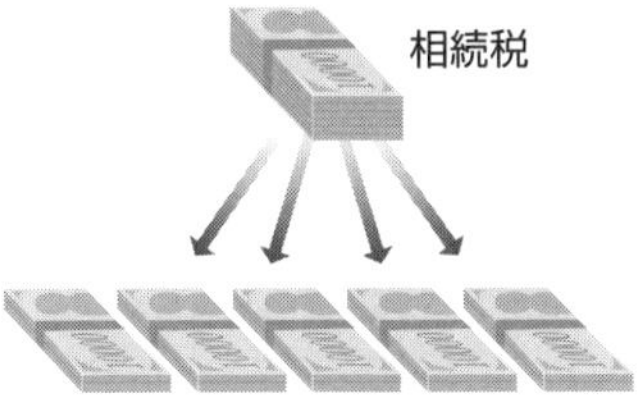

延納は“分割払い”だから利息がかかる

10

どんな場合に「物納」がトクだろう

⬇物納は一概に損得がいえないので、よく考えて決める

相続税を金銭で一括して払えないときの対策としては、「物納」もあります。物納は、相続税を金銭で支払う代わりに、不動産や株式などの〝物〟で納めることです。**物納を認めてもらうための要件としては、左の図のようなもの**があります。

物納の申請をすると税務署は、本当に金銭で納付することが困難かを調査し、金銭で納付できないと認められた金額の範囲内で、物納が許可されます。

ただし、左の要件②にあるように、物納に充てることができる財産は指定されていて、しかも次のような優先順位があります。

①不動産、船舶、国債、地方債、上場株式等。②不動産、上場株式のうち価値が劣るもの〈物納劣後財産→巻末❺〉。③非上場株式等。④非上場株式のうち価値が劣るもの〈物納劣後財産〉。⑤動産。

つまり、納税する側が、納税する物を選べるわけではないのです。

また、物納には、相続税の評価額で物納でき、相続税を払うために財産を売却したのと同じなのに譲渡所得税がかからない、といったメリットもあります。

というと、財産を売って納税するよりトクに思えますが、一概にそうともいえません。たとえば、土地などの相続税評価額は、実際の売買価格より低くなることも多く、譲渡所得税がないことを考慮しても、土地を売ったほうがトクになることがあります。

もっとも、地価が下落しているときはこの逆で、物納がトクなこともあるわけです。

このように、物納の損得計算は状況や、物納する財産にもよるので、よく調べてから判断をする必要があります。

物納できる財産は指定されている

●物納の要件

①延納によっても金銭で納付することが困難な理由があり、その納付を困難とする範囲内の金額であること

②物納を申請する財産は相続や遺贈で取得したものであり、日本国内にあること。指定した財産、順位であること

③物納に不適格な財産でないこと、および物納劣後財産の場合は他に適当な財産がないこと

④期限までに物納申請書などを税務署に提出すること

物納できる財産には「順位」がある

その⑨　相続税の申告前にしておくこと

相続税の申告をする前に、必ず済ませておきたいことが2つあります。

ひとつは、**被相続人の亡くなった年の所得税を申告・納税すること**です。所得税の確定申告は、通常、本人が行ないますが、被相続人は亡くなっているのでできません。そこで、亡くなった年の1月1日から死亡した日までの分は、相続人の代表が申告・納税する決まりです。これを「準確定申告」といいます。

相続人が2人以上いる場合は、「準確定申告書」とともに、「死亡した者の○年分所得税及び復興特別所得税の確定申告書付表」が必要です。そのほか、生命保険や損害保険の控除証明書や、医療費控除がある場合は医療費の領収書を添える点は、通常の確定申告と同様になります。

準確定申告の申告・納税期限は、相続を知った日の翌日から4カ月以内です。10カ月以内ではないので、注意しましょう。納税した所得税は未納の税金ですから、債務控除の対象になります（→P172）。

もうひとつ、**相続税の申告前にしておきたいのが、遺産分割協議をまとめて「遺産分割協議書」を作成しておくこと**です（↓P76）。

遺産分割協議書は、必ず作成しなければならないものではありません。しかし、どうしても必要な場合があります。まず、相続税の申告が必要な場合、不動産の相続登記（↓巻末❻）を行なう際に、登記原因の証明として必要です。申告書や登記申請書に、遺産分割協議書を添付しなければなりません。

また、相続税の申告までに遺産分割協議がまとまっていないと、配偶者の税額の軽減（↓P182）や、小規模宅地等の評価減の特例（↓P166）の適用もできなくなります。相続税の税額が増えて、ソンをすることになるわけです。

遺産分割がもめそうだった斉藤さん（仮名）は、このことを利用して協議をスムーズに進めることに成功したそうです。斉藤さんの兄は「長男が全財産を継ぐべき」と日頃から主張し、遺産分割協議は初めからもめそうだったとか。

そこで、斉藤さんは最初の協議で、遺産分割協議が申告までにまとまらないと、実家の土地を相続する兄は「小規模宅地等の特例が使えずソンをする」、「母親は配偶者の税額軽減が使えずソンをする」とクギをさしたといいます。兄も、自分と母親がソンをするならと、母親には法定相続分を、斉藤さんには不動産以外の財産の中から、一定程度を相続す

もめないポイント

ることに合意したそうです。遺産分割協議書も、無事に申告までに作成されたとか。

遺産分割協議書は、とくに作成の決まりがありません。筆記しても、ワープロを使ってもよいとされています。

ただし、分割協議書を使って土地や建物の名義変更をする場合は、不動産の所在や面積などを、登記簿謄本に記載されているとおりに記入する必要があります。この場合は、協議書への押印も、印鑑証明を受けた実印を用います。

なお、２０２４年の４月から不動産の相続登記が義務化されました。社会問題化している「所有者不明土地」対策ですが、相続や遺贈によって不動産を取得した相続人は、所有権の取得を知った日、または遺産分割が成立した日から3年以内に相続登記をしなければなりません。

違反した場合は、10万円以下の過料が科されるので、不動産を相続した人、相続する人は注意を払っておきましょう。

第6章

税金を安くする相続税対策の立て方

相続税をできるだけ少なくする――
そのためには
イザとなってからでは遅すぎます。
夫婦・親子で
早めの相続税対策を立てていきましょう。

1 効果的に相続税を安くする対策、3本の柱とは？

相続税対策は早めに、長期計画で立てたい

◉――対策は元気なうちから、時間をかけて長期戦で！

誰でも、払う税金は少なくしたいと考えるものです。しかし、納めるそのときになって、値切ることができないのも税金です。どうしたら税金が安くなるか、事前に対策を打っておかないと税金を安くする――節税はできません。

ましてや相続税は、長い人生の間につくった財産（を譲るとき）にかかる税金です。譲るほうも譲られるほうも、そのときになってからでは遅すぎます。人生は一朝一夕に成らないのですから、相続税対策も短期間では成立しません。

財産を譲る側は「オレはまだまだ元気」と思い、実際、元気なのでしょうが、元気なうちだからこそ打てる有効な対策もあります。

譲られる側は「親は（夫は）まだまだ元気だから」と遠慮しがちですが、元気だからこそ後に託したい思いや、望みも聞けるというものです。どうか、**「相続」が発生する前に、**

元気なうちに、夫婦・親子で節税対策を考えてみてください。

相続税は、小手先のごまかしも利かない税金です。なぜなら、相続税の申告があるとたいていの場合、税務署による調査が行なわれます。税務署が申告書の内容を検討し、ごまかしがないか、申告モレがないかと、チェックするわけです。ごまかしや申告モレをするとほとんど、この税務調査で見つかってしまいます。

ですから、イザとなってからでは遅いのです。ごまかしや申告モレでなく、税務署も認める節税の方法はあります。しかし、そのほとんどは時間がかかる方法です。その方法で

相続税対策は元気なうちから
元気なうちから
子どもが18歳になったら親が元気なうちに
時間をかけて
生前贈与や財産の入れ替えなどじっくりと
長期戦で
納税まで見すえて対策を
イザとなってからでは遅すぎます！

相続税を安くしたいと思うなら、時間をかけて長期的に、対策を立てなければなりません。

あなたが財産を譲る側なら子どもが18歳になったときに、譲られる側なら親（夫）が元気なうちに、夫婦・親子いっしょに計画を立てて、節税の対策を進めていってください。

◉相続税を安くする対策、3つの柱とは？

相続税対策は、次の3つを柱に具体策を考えていきます。

①生前贈与を活用する――相続税の課税財産を減らす

相続税は、遺された財産に対して課されます。ですから、財産を生前に贈与して減らせば、相続税も少なくなります（→P204）。

ただし、贈与税は相続税に比べて高くつく税金です。そこで、贈与税がかからない、あるいはかかっても少ない方法で、計画的に、時間をかけて行なう必要があります。

なお、相続時精算課税制度は比較的、気楽に生前贈与ができる制度です。利用できる年齢や、要件に合うときは、積極的な利用を考えてみてもよいでしょう（→P124）。

②相続財産の中身を変える――財産の評価を低くする

相続税の計算のもとになるのが、財産の評価額です。そのため、評価の高い財産を持っているより、評価の低い財産のほうが相続税が安くなります。

たとえば、１億円の現金より、時価１億円の土地のほうが相続税評価額が低くなり、相続税が安くなることがあります（↓Ｐ214）。

③納税資金を準備する――節税対策の一方で資金を用意する

節税のことばかりに気を取られると、納税するときになって苦労します。①と②の対策を立てて、それでもかかってくる相続税の分、資金の準備も進めましょう。

このとき、活用したいのが生命保険です（↓Ｐ224）

これが相続税対策の3つの柱

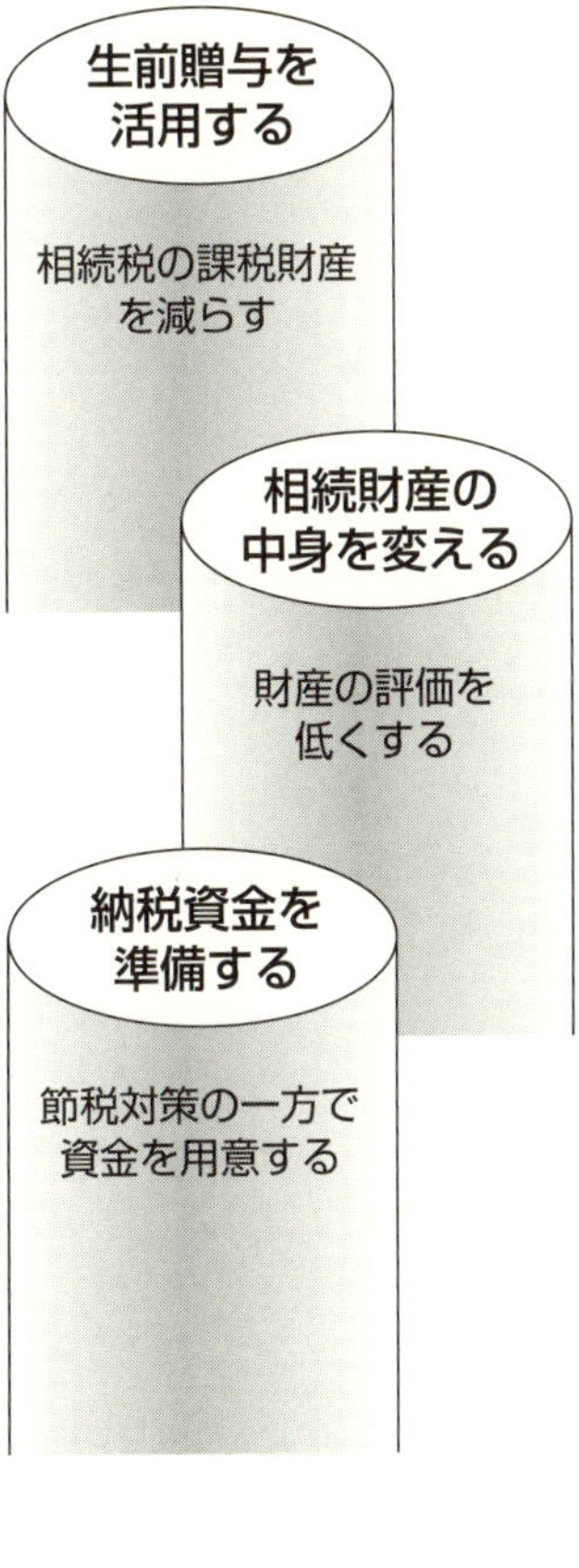

生前贈与を活用する
相続税の課税財産を減らす
相続財産の中身を変える
財産の評価を低くする
納税資金を準備する
節税対策の一方で資金を用意する

この３つの柱から具体策を立てます

2 生前贈与は、どのようにすれば節税になるか？

贈与税をできるだけ低く抑える生前贈与の仕方

◉生前贈与は長期戦で臨もう

相続税を安くするために、まず考えたいのが贈与——「生前贈与」です。生前贈与をすれば、直接、相続財産を減らすことになりますから、こんなに単純明快な節税対策はありません。

しかし、贈与をすると、相続税が減る代わり、今度は贈与税がかかってきます。贈与税は、贈与を受けた側が払いますが、もとはといえば贈与した側の財産ですから、税金がかかるという意味では同じことです。贈与にも、税金がかかるのです。

そのため、**贈与税を低く抑えることを考えながら、計画的に贈与する**ことが必要になります。つまり、贈与税を払っても、それ以上に相続税が減れば節税効果があったということです。

また、贈与税の暦年課税（↓P112）では、贈与した金額が大きいほど税率が高くなる

「超過累進税率」のしくみと、１人年間１１０万円の基礎控除額があります。そのため、トータルで同じ金額の贈与でも、何回（年）で贈与したかで、左のように税額が違ってくるのです。

もし、**１年間の贈与額が基礎控除額１１０万円以下なら、贈与税はかかりません**。

この関係は、贈与を受ける側の人数についても同じです。１０００万円を１００万円ずつ10人に分けて贈与しても、贈与税はかからないことになります。

生前贈与は、贈与の回数（年数）と、人数を考えることがポイントです。そのためにも、長期的な計画を立てて、長期戦で臨むことが必要になります。

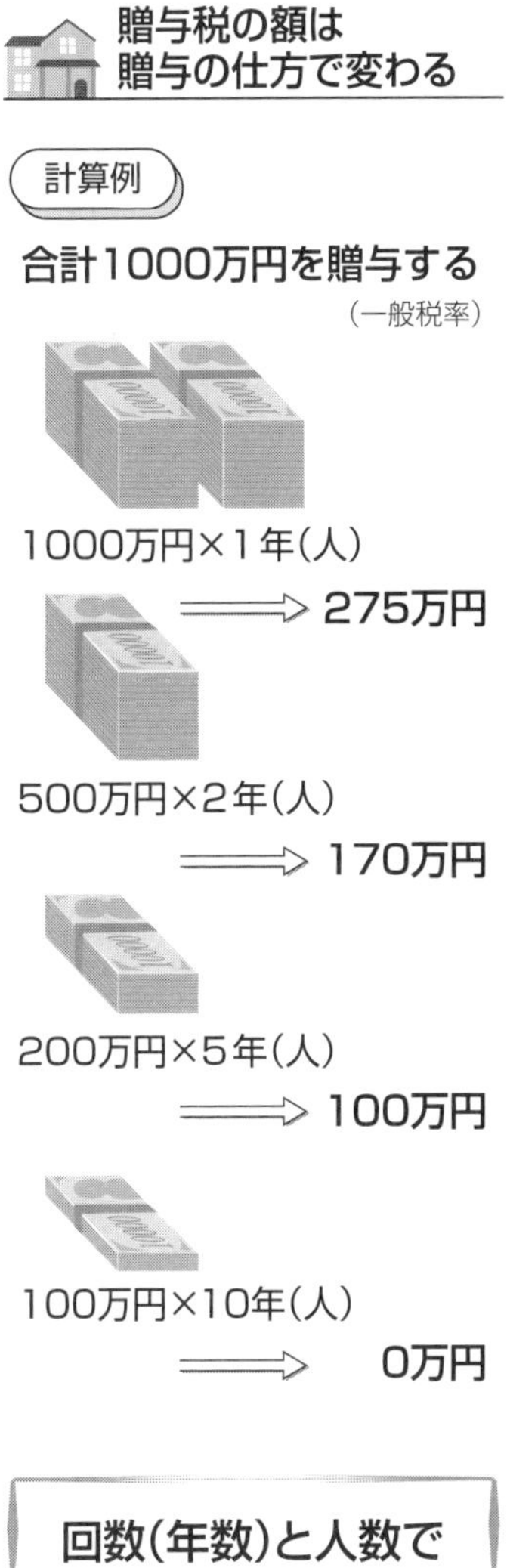
贈与税の額は
贈与の仕方で変わる
計算例
合計1000万円を贈与する
（一般税率）
1000万円×１年(人)
275万円
500万円×２年(人)
170万円
200万円×５年(人)
100万円
100万円×10年(人)
0万円
回数(年数)と人数で
変わります

なお、18歳以上の直系卑属に対する贈与では、一般の税率より低い特例税率が適用されます（→P114）。贈与する相手と金額によっては、このことも考慮することが必要です。

●確実なのは１１０万円以下の生前贈与

では、生前贈与をいくらすれば、最も大きな節税になるでしょうか。先にも説明したように、要は同じ金額で相続税より安い贈与税になれば、節税できたことになります。そこで、自分たちの相続税の税率の見当をつけてみましょう（→第5章）。左の図で、それより贈与税の税率が低い金額の贈与なら、節税になる可能性があります。

しかし、**最も確実なのは贈与税の基礎控除額を活用して、非課税で贈与すること**でしょう。ただ、基礎控除額以下の贈与で大きな金額を贈与しようとすると、長い年数が必要になります。

また、生前贈与加算（→P208）の対象になると、相続税がかかってしまいます。

そのような問題があるときは、世代飛び越しの贈与を考えてもいいかもしれません。つまり、相続人の孫などに贈与するわけです。ただし、孫が未成年の場合には、贈与財産の管理方法を考えておく必要があります。

以上のような１１０万円以下の贈与をする場合には、贈与の証拠を残すことに注意しましょう。贈与は口頭でも成立しますが、それは当事者間の話です。第三者に対する証明にはなりません。とくに、税務署の納得を得るのはなかなかむずかしいでしょう。

そのような場合は、書面を残すか、あえて111万円の贈与をして申告し、基礎控除を超えた1万円について、1000円の贈与税を納付する手もあります。

相続税と贈与税の税率を比べてみると

相続税課税価格	税率	贈与税課税価格
	55%	
6億円		3000万円
	50%	
3億円		1500万円
	45%	
2億円		1000万円
	40%	
1億円		600万円
	30%	
5000万円		400万円
	20%	
3000万円		300万円
	15%	
1000万円		200万円
	10%	

同じ税率なら贈与税の課税価格が圧倒的に大きい

その⑩「生前贈与加算」は延長されて7年間に！

贈与税の暦年課税では、亡くなる前の期間に贈与された財産を、相続財産に加算する定めがあります。「生前贈与加算」と呼ばれるもので、**被相続人になる人が亡くなる前に、“駆け込み”で相続人に贈与することを防ぐための制度**です。

この、加算される期間は長らく3年でしたが、２０２４年分から段階的に延長され、２０３１年分からは7年になります（4～7年以内は経過措置で、贈与財産から１００万円を控除する）。

延長された目的は、生前贈与の不公平を是正するためとされています。というのは、相続財産を多く持っている人は、もともと相続税の税率が高いので、高い贈与税の税率で贈与しても、相続税の税率とたいして変わりません。わりと気楽に贈与して、相続財産と相続税を減らすことができます。

一方、相続財産が少ない人は、相続税の税率が比較的低いので、高い贈与税の税率が気になって生前贈与ができず、相続税を減らすことができません。生前贈与加算の期間を延ばせば、両者とも相続財産に加算される贈与財産が増え、不平等が多少は是正されるだろうというわけです。

なお、加算される贈与には、暦年課税の場合の１１０万円の基礎控除額以下の贈与も含まれます。

この話を聞いた清水さん（仮名）、まだ現役で働いているのに年間１１０万円以下の生前贈与を始めたそうです。

「だって、男性の平均寿命は80歳くらいでしょう。72歳まで生前贈与加算されたら、62歳から生前贈与を始めるしかないじゃないですか。10年で１０００万円くらい贈るつもりだったんだから」

たしかにそういう計算ですが、それならば受贈者に相続時精算課税（→P124）を選択してもらえばよいのでは？　相続時精算課税にも、２０２４年分から１１０万円の基礎控除額ができました。しかもこちらは、生前贈与加算の対象になりません。

「そうなんですか？」と清水さん。

「でも、相続時精算課税は、一度選択してしまうと取り下げができないからなあ。どうしようかな」と清水さん、まだ迷っているようです。

3 生前贈与で注意したいポイントは?

ここを押さえれば贈与税と相続税の節税になる

◉まず、相続財産を把握しておく

生前贈与は、相続財産と相続税を少なくするために行なうわけですから、まず課税される相続財産をできるだけ正確に把握することが大切です。現在所有している財産を評価してみて、それに対する相続税額を試算してみましょう。

もし、いろいろな特例などを活用して、相続税額をゼロか、ゼロに近い税額にできるのなら、そもそも生前贈与は必要ないことになります。そこまでいかなくても、正確な試算をしておけば、必要なだけの贈与ができてムダな贈与税を払わずに済みます。

この相続財産の試算は、1回やればよいというものではありません。株式や土地などは、評価額が変動します。**毎年、年に1回くらいは最新の評価額で試算してみましょう。**面倒かもしれませんが、それによってムダのない生前贈与ができます。

●値上がりしそうな財産は早めに贈与する

生前贈与は、現金を贈与するとは限りません。ですから、何を贈与するかも重要になります。そこで、早めに贈与しておきたい財産の第1は、値上がりしそうな資産です。

たとえば、周辺の開発が進んで値上がりしそうな土地は、そのまま持っていると相続のときに値上がりした地価で評価され、大きな相続税がかかってしまいます。しかし、評価額が低いうちに贈与すれば、比較的少ない贈与税で贈与することが可能です。

同様に、貸宅地や駐車場など、収益があがる資産も早めに贈与したいもののひとつです。

押さえておきたい生前贈与のポイント

ポイント①

値上がりする財産は早めに贈与

ポイント②

相続人以外への贈与も考えて贈与

ポイント③

贈与税の配偶者控除を活用して贈与

いろいろ工夫して生前贈与しましょう

そのまま持っていると、そこからあがった収益は相続財産にプラスされ、相続税が増えてしまいます。早めに贈与しておけば、あがった収益は贈与を受けた人の財産になるので、贈与した人の相続財産を増やすことはありません。

◉ 相続人以外への贈与を考える

相続では、法律で相続人の範囲と順位が決まっているので、（遺言をしない限り）財産を与える相手を選ぶことができません。これに対して**贈与は、誰に対してもできる**ことが特徴です。この特徴を活用することを考えましょう。

たとえば、相続人に贈与すると、せっかくの贈与がムダになることがあります。生前贈与加算の制度により、亡くなる前3～7年間の贈与財産が相続財産に加算されてしまうからです（→P208）。

しかし、生前贈与加算の制度は、相続人にだけ適用されます。ということは、相続人以外に贈与しておけば、贈与財産が相続財産に加算されることはないわけです。

たとえば、被相続人に子どもがいるとき、通常は孫、甥、姪は相続人になりません。そこで、子どもに贈与する代わりに、孫に贈与することが考えられます。

このように、相続人以外への贈与を検討することも、生前贈与のポイントのひとつです。

◉贈与税の配偶者控除を最大限に活用する

贈与税の配偶者控除は、一定の要件を満たすと最高２０００万円まで、配偶者への贈与に贈与税がかからないというものです（↓Ｐ118）。

この特例のメリットは、配偶者控除が適用された財産は生前贈与加算の対象にならない点にあります。贈与のときは非課税でも、後で相続税がかかるということがありません。つまり、相続税も贈与税もかからないわけですから、最大限に活用したいものです。

注意したいのは、相続開始の年の贈与では、この特例が適用されません。また、必ず申告しなければならない点にも注意しましょう。

贈与税の配偶者控除の主な要件は？

- 婚姻期間20年以上の配偶者からの贈与であること
- 居住用の土地・建物、またはそれを取得するための金銭の贈与であること
- 翌年の3月15日までに居住し、その後も居住する見込みであること

相続税も贈与税もかからないから活用しない手はありません

4 土地の評価額を下げて節税する方法は？

⬇評価額の低い土地にできれば税金は安くなる

◉事業用地を購入する方法はどうか？

　第4章で説明したように、相続税を計算するときは財産を評価します。買ったときの値段を、そのまま相続税の計算に使うわけではありません。ですから、同じ1億円でも、現金で持っていれば1億円の評価ですが、相対的に評価が低い土地などに換えられれば、相続税を安くすることができます。

　そこで、**現金や預貯金などを多く所有している場合は、たとえば事業用地を購入して貸し出す**のはどうでしょうか。土地は、路線価（または倍率）方式で評価されますから、時価より低い評価ができる可能性があります。また、貸し出すことによって、収益も生まれるでしょう。

　しかも、イザ相続となったときは、一定の面積要件などはあるものの、事業用地なら「小規模宅地等の評価減の特例」が利用できます（↓P166）。80％（不動産貸付業は50％）

を評価減させることが可能になるわけです。

ただし、貸付用小規模宅地の特例には、通称「3年ルール」と呼ばれる規制があります。相続発生日からさかのぼって3年以内に、新たに購入した賃貸用不動産には特例が使えないというものです。〝駆け込み〟による節税を防ぐためのルールですが、事業用地を購入して3年以内に死亡すると、小規模宅地の特例が利用できなくなります。

3年以内には死亡しないという絶対の自信がある場合は、事業用地の購入による節税方法が利用できます。

土地の評価額を下げて節税する方法

現金や預貯金を土地に換えて評価額を下げる

相続のときに小規模宅地等の特例が使えない場合も

土地を人に貸して建物を建てさせ貸宅地にする

節税はできるが土地は自分の自由にできなくなる

アパートを建てて部屋を人に貸す

アパート経営になるのでよくよく検討して決断を

いずれにもメリット・デメリットがあります

●貸宅地にして建物を建てさせる方法はどうか?

すでに土地を持っているという場合は、どのようにして評価を下げればよいでしょうか。前にも触れたように、土地は人に貸すと評価額が下がります（↓P144）。人に貸せば収益もあがるので、一石二鳥というものです。

まず、土地を人に貸し、建物を建築させる――貸宅地にする場合を考えてみましょう。この場合、更地に比べて借地権の分、評価を下げられます。一般的に、都市部では借地権割合が大きいので、かなりの評価減が可能でしょう。土地は、相続財産に占める割合も大きいものですから、財産全体として評価を下げることが期待できます。

しかし、**借地権を設定すると、その土地は持ち主の自由にできなくなります**。その不便を考えると、貸宅地にする方法は節税対策にはなりますが、全体としてあまりよい方法とは考えられません。

●アパートを建てて貸し出す方法はどうか?

それでは、アパートを建てて人に貸し出す方法はどうでしょう。この場合は、貸家建付地の評価になります。借家権割合は通常30％なので、更地の評価額から「更地の評価額×借地権割合×0・3×賃貸割合」を引いた金額がアパートの評価額です。

貸宅地に比べると、借地権割合の30％（×賃貸割合）の評価引下げにとどまりますが、ある程度自由に処分できるメリットを考えれば、かなり有利な節税対策と考えられます。

ただし、借入れなどを起こしてアパートを建てる場合は、よくよく検討しなければなりません。アパートからあがる収益で月々の返済をし、そのうえで利益が出るか、採算性を綿密にチェックする必要があります。

また、アパートを建てるということは、アパート経営に乗り出すということです。不動産業者を間に入れるにしても、立地や家賃、自分の労力などを充分に検討し、収益性の高さやリスクも考えて決断する必要があります。

アパートを立てて土地の評価を下げる

計算例

更地で評価額１億円の土地にアパートを建てる
（借地権割合60％）

●アパートを建てた場合

更地の評価額 １億円
×（1－ 借地権割合 60％
× 借家権割合 30％）
× 賃貸割合 100％

＝ 貸家建付地の評価額 8200万円

土地は人に貸すと評価額が下がります

5

〝財産の中身を入れ替える〟節税法は？

中小企業オーナーなら「債務の資本化」も有効

　中小企業のオーナー社長の場合、自社の株式を保有していることはもちろんですが、それ以外にも自分のお金を会社につぎ込んでいるケースがよくあります。自宅などの不動産を担保に入れて金融機関から借り入れたり、会社の資金繰りが悪化したときは、自分個人のお金を貸付けの形で会社に入れたりするわけです。

　結局、相続となったときには、財産として自社株式と、担保に入った不動産、会社に貸し付けた貸付金がほとんど、ほかの財産はろくにない状態になってしまいます。

　担保に入った不動産は別として、貸付金と自社株式については、相続財産としての評価がどう違うのでしょうか。

　貸付金は、その元本を基礎として「回収可能性」を検討して評価することになっています。しかし、この回収可能性というものには明確な基準がなく、その会社が倒産寸前というのでもない限り、元本イコール評価額とされているのが実状です。つまり、実際には価値がなくても、元本の額で評価されています。

一方、自社株式の場合には、一定の評価方法があります（→P154）。つまり、貸付金と違って、相続財産としての評価を下げられる可能性があるのです。

そこで、貸付金として元本で高い評価をされるより、出資に切り替えて評価減をするのはいかがでしょうか。

この手法は、**「デッド・エクイティ・スワップ」（債務の資本化）**といい、貸付金という債権を現物出資にしてしまうものです。中小企業経営者の、財産の中身を入れ替える節税方法のひとつとして有効利用が考えられます。

「債務の資本化」のしくみ

中小企業経営者の財産の中身を入れ替えます

6

節税のために自社株の評価を下げる方法は？

中小企業の事業承継をスムーズにする

◉事業承継のためには自社株式の評価額を下げたい

中小企業で非上場の同族会社の場合、業績がよい、あるいは含み益の大きい不動産などを持っていると、相続税の課税の基準になる株式評価額が額面の数十倍にもなることがあります。

オーナー社長で、このような会社の株式を1人で持っていると、相続のときにたいへんです。なぜなら、同族会社で息子に会社を譲ろうとすると、父親が持っている自社の株式を譲らなければなりません。そのときにうっかりしていると、とんでもない税金がかかってくるのです。

しかも、このような会社の株式は、簡単には換金できません。譲られた息子は、株式の一部を売ることもできず、納税資金を自分で調達しなければならなくなります。

そんな事態にならないよう、**相続で一度に株式を譲ることは避けましょう**。長期的な計画を立てて、少しずつ、計画的に父親の持株を承継者に移すことです。その際には、譲渡、贈与の２つの方法がありますが、いずれの場合でも自社株式の評価を下げることができれば、所得税や贈与税の大きな節税になります。

●評価方法によっては評価減ができる

非上場株式の評価方法については、すでに説明しました（→P154）。それを見て、評価額を下げるなど可能なのかと思うかもしれませんが、評価方法によっては比較的簡単に評価額を下げることが可能です。

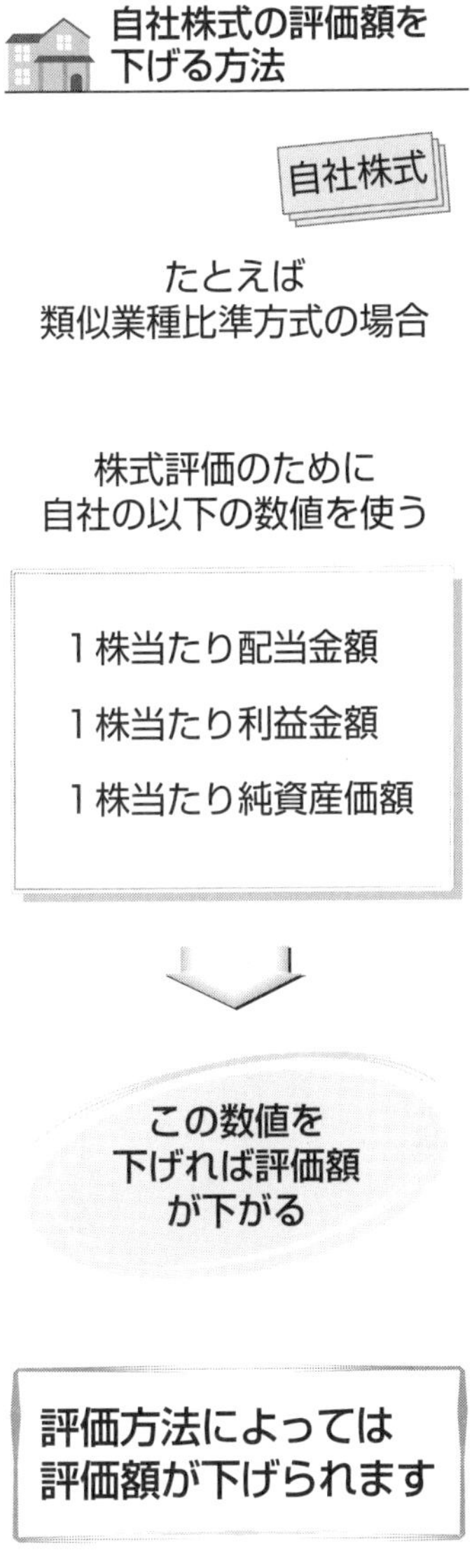
自社株式の評価額を下げる方法
自社株式
たとえば
類似業種比準方式の場合
株式評価のために
自社の以下の数値を使う
１株当たり配当金額
１株当たり利益金額
１株当たり純資産価額
この数値を
下げれば評価額
が下がる
評価方法によっては
評価額が下げられます

たとえば、類似業種比準方式では、評価のための数字として自社の1株当たりの配当金額、利益金額、純資産価額を使います。簡単にいえば、これらを下げる、あるいは下がることがあれば、自社株式の評価額を下げることができるわけです。

これらのうち、配当金額を下げることは簡単にできます。同族会社で、オーナー一族が株式を100％所有している場合は、全員の了解をとることなど簡単でしょう。無配当で困ることもないはずです。

一方、利益金額と純資産価額は意図的に操作することができません。これらは、会社の業績を注意深く見守ることです。利益金額や純資産価額が下がるなど、会社にとってはピンチですが、ピンチをチャンスに変えると前向きに考えて、自社株式を承継者に譲渡または贈与する機会ととらえましょう。

●会社を分割して自社株の評価額を下げる

業績が悪化していなくても、1株当たり純利益を下げる方法もあります。簡単にいうと、不動産を残して会社を分割する方法です。

収益をあげている営業部門は、新会社に移します。そうすると、旧会社の収益は不動産の賃貸収入だけになり、賃貸収入で収支トントンにすれば1株当たり純利益が下がるわけです。結果として、旧会社の株式評価額も下がり、オーナーから承継者への株式移転も比較的やりやすくなります。

なお、節税のために自社株式の評価額を下げる目的ではなく、中小企業の事業承継を後押しする目的で創設された事業承継税制があります。**「法人版事業承継税制」**と**「個人版事業承継税制」**があり、一定の要件のもとで贈与税・相続税の納税が猶予されるというものです。法人版には、「一般措置」のほか時限措置として「特例措置」もあります。

左に概要をまとめましたが、興味がある方は用語解説も参考にしてください（→巻末）。

事業承継税制とはどういうものか？

法人版事業承継税制

（一般措置）

- 贈与では総株式数の3分の2の100%が猶予
- 相続では80%の納税が猶予される
- 承継者の死亡では免除

法人版事業承継税制

（特例措置）

- 株式の課税価格の全額に相当する贈与税・相続税の納税が猶予
- 適用は2027年12月までの贈与・相続

個人版事業承継税制

- 対象は個人の事業用資産の贈与・相続
- 事業用資産にかかる贈与税・相続税を猶予
- 承継者の死亡によって納税が免除
- 適用は2028年12月までの贈与・相続

7

生命保険は、いくら掛ければ相続税対策になるか？

⬇相続税の支払準備として利用することが重要

◉生命保険は相続税の納税資金に最適

相続にあたって、生命保険にはいろいろな利用方法が考えられます。そのうち、最も重要なのが、相続税の支払準備としての利用です。

相続は、いつ起こるかわかりません。しかし、**生命保険を利用すれば、まさに必要なときに保険金を受け取り、相続税の支払いに充てることが可能**です。納税資金としては、最適といえるでしょう。

また、生命保険には積立金の性格もありますから、それを利用して生前贈与の資金とすることも考えられます。払い込んだ保険料の分、相続財産は少なくなるので、相続税が少なくなる効果もあるはずです。イザ保険金の支払いとなったときには、相続財産に加えられますが、これも一定額は非課税になります。

これまでも図中の説明に出てきたように、生命保険の保険金には「５００万円×法定相続人の数」という非課税限度額があります。すべての相続人が受け取った保険金の合計額が、この非課税限度額を超えるとき、その超える部分に相続税が課税されるわけです。

なお、この非課税限度額が適用されるのは、保険金の受取人が相続人（相続放棄した人などを除く）である場合です。相続人以外の人が受け取った保険金には、非課税の適用はありません。

では、保険金の合計が非課税限度額を超えて相続税が課税されるとき、各相続人にはどのような税額が課税されるのでしょうか。左にあげたのは、相続人が保険金を受け取ったとき、相続人一人ひとりに課税される金額の計算式です。

生命保険金を受け取ったら

（各人が課税される金額）

その相続人が受け取った生命保険金の金額

－ 500万円×法定相続人の数

× その相続人が受け取った生命保険金の金額 ／ すべての相続人が受け取った生命保険金の合計額

＝ その相続人の課税される生命保険金の金額

生命保険金を受け取るとこの金額が課税されます

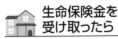

その相続人が受け取った保険金の額に応じて、非課税限度額を按分し、その相続人が受け取った保険金の金額から差し引いて、税額を計算していることがわかります。この計算式から、冒頭の「その相続人が受け取った生命保険金の金額」を除くと、その相続人１人の非課税限度額になるわけです。

この相続人１人の非課税限度額を超えた額は、その相続人が納税することになります。

●生命保険は、いくら掛ければよい？

では、生命保険はいくら掛ければ相続税の支払準備になるでしょうか。生命保険の契約を結ぶ時点で、相続財産を評価して相続税を計算し、その額を受け取れる保険契約にすればよいと考えがちですが、実はそれでは納税資金が不足します。

なぜなら、**生命保険の保険金自体が相続財産とみなされ、それにも相続税がかかってくる**からです（一定額は控除される）。

ですから、いくら掛ければよいかという問題の正解は、相続税プラス保険金の分となります。この金額があれば、他の相続財産に手をつけることなく、相続税全額を納税できるわけです。

生命保険だけで納税資金を賄いたい場合、必要な生命保険金を計算してみると、左の表のようになります。

相続税を全額支払うのに必要な保険金の額は？

相続人の構成 / 生命保険金を除く遺産額（基礎控除前）	生命保険金		
	妻＋子1人	妻＋子2人	妻＋子3人
1億円	385万円	315万円	263万円
2億円	1788万円	1350万円	1218万円
3億円	4075万円	3148万円	2635万円
4億円	6575万円	5270万円	4612万円
5億円	9522万円	7919万円	6877万円
7億円	1億6000万円	1億3590万円	1億2174万円
10億円	2億6000万円	2億2890万円	2億884万円

※税額は、各相続人が法定相続分どおり遺産を相続しているものとし、配偶者税額軽減額を控除して計算している

この金額の生命保険金があれば相続税を全額払える

8

どんな生命保険を掛ければよいか？

⬇契約の仕方で税金が変わることを知っておこう

相続税の納税資金に充てるなら、どんな生命保険を掛ければよいでしょうか。生命保険の商品を選ぶ前に、どんな契約にするかが大事です。というのは、**生命保険の保険金にかかる税金は、契約の仕方によって変わる**からです。

具体的には、保険金を負担する契約者と、保険金受取人の関係で変わってきます。たとえば、父親の生命保険を掛けるとして、父親が契約者と被保険者（保険契約の対象になる人）になり、保険金受取人を相続人とした場合、定期保険や終身保険の死亡保障による保険金は相続財産になり、相続税がかかります。

一方、左の表のように契約者と被保険者が変わると、所得税や贈与税がかかるのです。

もちろん、どの契約の仕方でも、納税資金として使えることは変わりません。問題は、税金の種類とその税額でしょう。一般的には、母親や子どもが契約者になり、父親を被相続人、母親や子どもを受取人とするのが、有利な場合が多いようです。

保険の契約によって税金の種類も変わる

保険金の種類	保険金受取人／被保険者	契約者	契約者の相続人	第三者
死亡保険金	契約者	―	相続税	相続税
	契約以外者	所得税	贈与税	贈与税
生存保険金	契約者	所得税	贈与税	贈与税
	契約以外者	所得税	贈与税	贈与税

一時所得の計算方法

（保険金額 － 必要経費（払込保険料） － 50万円（控除額））× $\frac{1}{2}$ ＝ 課税対象額

課税の内容は保険料を負担する契約者と保険金受取人の関係で変わります

その⑪　相続税はクレカで払おう

納税の段階になると、もう節税の方法はないのでしょうか。

厳密には節税ではありませんが、トクをする方法があります。それはクレジットカード（クレカ）で払うことです。現在では、相続税もクレカで払えるようになっています。

クレカで払っても、相続税が安くなるわけではありません。しかし、クレカで払えばクレカのポイントが付与されます。贈与税の金額が大きいほど、付与されるポイントも多くなることでしょう。


山崎さん（仮名）は、相続税の納税を奥さんのクレカで払ってもらったそうです。奥さんのクレカのほうがポイント還元率が高かったためですが、クレカの名義人が手続きを行なうのなら、家族の分を代わりに払うことが可能です。

「ポイントは奥さんのクレカに行っちゃったけど、そのポイントで何かおいしいものを食べに行こうって話してます」

ポイントもさることながら、相続が相続税の納税まで無事に済んだことにホッとしている山崎さんです。

と、申請しても却下される。相続税法施行令に列記され、たとえば市街化調整区域内の土地といった、売却しにくい不動産などがあげられている。

不動産の相続登記 ⋯⋯⋯⋯⋯⋯ 197
通常、不動産を相続する人が確定したら、不動産の所在地の管轄法務局で、相続を原因とする不動産の名義変更を行なう。これを一般に「相続登記」と呼んでいる。相続する人が相続登記を放置したまま2次相続、3次相続と続くと、相続人が2倍、3倍以上に増えることになり、「所有者不明土地」となる。

不労所得課税説 ⋯⋯⋯⋯⋯⋯⋯ 89

包括遺贈 ⋯⋯⋯⋯⋯⋯⋯⋯⋯⋯ 84

法人版事業承継税制（一般措置）
⋯⋯⋯⋯⋯⋯⋯⋯⋯⋯⋯⋯⋯⋯ 223
会社の後継者が先代経営者などから、自社株式などを贈与や相続などで取得した場合に、一定の要件を満たしていると、贈与税や相続税の納税を猶予される制度。その後継者から次の後継者（3代目）に自社株式を承継した場合に、猶予されていた納税は免除となる。猶予・免除の対象となる株式は、総株式数の最大3分の2まで。納税が猶予になる割合は、贈与の場合で100％、相続の場合で80％。適用の要件は、対象となる会社、先代経営者、後継者のそれぞれにある。

法人版事業承継税制（特例措置）
⋯⋯⋯⋯⋯⋯⋯⋯⋯⋯⋯⋯⋯⋯ 223
一定の要件を満たすと、会社を承

継した後継者の相続税・贈与税の納税が猶予・免除される制度〔→法人版事業承継税制（一般措置）〕。一般措置との違いは、対象株式が3分の2から全株式になること。納税猶予割合が、すべて100％になること。複数の株主から、最大3人の後継者への贈与・相続が可能なこと、など。ただし、2026年3月31日までに「特例承継計画」の提出が必要。また、適用期限は2027年12月31日までの贈与・相続等となっている。

法定相続分 ⋯⋯⋯⋯⋯⋯⋯⋯ 56,58

【マ】

間口狭小補正率 ⋯⋯⋯⋯⋯⋯⋯ 140

未成年者控除 ⋯⋯⋯⋯⋯⋯⋯⋯ 184

みなし相続財産 ⋯⋯⋯⋯⋯⋯⋯ 90

みなし贈与財産 ⋯⋯⋯⋯⋯⋯⋯ 108

無申告加算税（相続税） ⋯⋯⋯ 190

無申告加算税（贈与税） ⋯⋯⋯ 123

【ヤ】

遺言 ⋯⋯⋯⋯⋯⋯⋯⋯⋯⋯⋯ 42,80
→遺言（いごん）

養子（相続人） ⋯⋯⋯⋯⋯⋯⋯ 52

養子縁組 ⋯⋯⋯⋯⋯⋯⋯⋯⋯⋯ 44

預貯金の評価 ⋯⋯⋯⋯⋯⋯⋯⋯ 158

【ラ】

類似業種比準方式 ⋯⋯⋯⋯⋯⋯ 156

暦年課税 ⋯⋯⋯⋯⋯⋯⋯⋯⋯⋯ 112

連帯納付義務者（相続税） ⋯⋯ 191

連帯納付の義務（相続税） ⋯⋯ 191

路線価図 ⋯⋯⋯⋯⋯⋯⋯⋯⋯⋯ 138

路線価方式 ⋯⋯⋯⋯⋯⋯⋯ 138,140

の特例……168
特別寄与料……32,68
特別警戒区域補正率……140
特別受益者相続分……57
特別受益（分）……64
特別方式（遺言）……81
普通方式以外の遺言の方式。たとえば「一般危急時遺言」は、被相続人の死が差し迫っていて、普通の遺言を作成する時間の余裕がないときの遺言の方式。ほかに、「船舶危急時遺言」「一般隔絶地遺言」「船舶隔絶地遺言」の計４種類がある。
特例税率（贈与税）……114
土地の評価……136
土地の評価額（相続税対策）……214
取引相場のない株式の評価……154

【ナ】

二方路線影響加算率……140
認定死亡……48
事故や災害などで死亡が確実な場合に、遺体が確認できなくても法律上、死亡したと認定する制度。失踪宣告では生死が不明なのに対し、認定死亡は死亡が確実な場合に認定される。認定は警察や海上保安庁などの官公庁が行ない、報告を受けた死亡地の市町村長が戸籍簿に死亡の記載をする。死亡とされた日に、相続が開始する。

【ハ】

配偶者……50
配偶者居住権……148
配偶者控除（相続税）……182
配偶者控除（贈与税）……118,213
配偶者相続人……50
配偶者の税額の軽減……182
配当還元方式……157
半血兄弟……60
非課税限度額（生命保険金、死亡退職金）……92
被相続人……48,62
非嫡出子……52
法律上の婚姻関係にない男女の間に生まれた子。そのままでは父親の遺産の相続権がないが、父親が認知をすると法律上の父子関係が成立し、嫡出子と同じ相続割合で相続ができる。以前は、相続割合が嫡出子の２分の１と定められていたが、2013年の民法改正により、嫡出子と同じ割合になっている。
秘密証書遺言……83
評価倍率……142
複利現価（財産評価）……161
将来の一定の金額が、複利計算で金利分を割り引くと、現在の価値でいくらになるかをあらわした金額。「基準年利率の複利現価」と言った場合は、将来の金額を基準年利率の複利計算で割り引き、現在の価値でいくらになるかをあらわす。
不整形地補正率……140
負担付所有権……148
普通方式（遺言）……82
物納（相続税）……98,194
物納劣後財産……194
相続税の物納を申請する際に、物納に充てることができる財産として他に劣り、順位が後になる財産。他に順位が先の財産がある

相続税の納税……190
相続税の配偶者控除……46,182
相続税評価額……136
相続税法……100
相続人……50
相続の承認……70
相続（の）放棄……41,70
相続廃除……54
贈与……104
贈与者……104
贈与税……36,106
贈与税額控除……185
贈与税の一般税率……115
贈与税の基礎控除額……38,113,116
贈与税の申告……120
贈与税の特例税率……114
贈与税の納付……120
贈与税の配偶者控除……118
贈与税の非課税財産……110
贈与税の無申告加算税……123
側方路線影響加算率……140,142
側方路線価……142

【タ】

胎児（相続人）……52
代襲相続……52
代償分割……75
宅地……136
建物の評価……146
単純承認……71
単独行為……104

1人の、1個の意思表示によって成立する法律行為。遺言など、相手の承諾なしに一方的な意思表示で成立する。これに対して「契約」は、相手または複数人の合意を必要とする。ほかに、法人の設立などのように、同じ目的のために複数の当事者が意思表示をすることで成立する「合同行為」がある。

地価公示価格……136
地区区分……139
中途解約利率（財産評価）……158
超過累進税率……180,205
調達価額……146,162

評価を行なう時点で、その財産を現状どおり取得（調達）するとした場合の価額。たとえば庭木なら、庭木の価格に加えて、現状どおりにするための運送費用や、植樹の費用なども含めて評価額とする。

調停……76
賃貸割合……144
デッド・エクイティ・スワップ……219
投資信託の評価……158
同族株主等（財産評価）……154

同族株主とは、株主のうち誰か1人と、その「同族関係者」が保有する議決権の合計が、全議決権の30％以上となる株主グループに所属する株主と、その同族関係者のこと。ただし、別に50％超の議決権を有する株主グループがあるときは、その50％超のグループの株主のみが同族株主となる。なお、同族関係者とは、一定の親族や内縁の配偶者、個人の使用人など。

特定遺贈……84
特定居住用宅地等の評価減の特例……166
特定事業用宅地等の評価減の特例……168
特定同族会社事業用宅地等の評価減

と、相続が開始される。

指定相続分 ………………………… 56, 62

自筆証書遺言 ………………………… 82

自筆証書遺言書保管制度 ………… 80
　自筆証書遺言を作成して、法務局
　に申請し、「遺言書保管所」に保
　管してもらう制度。遺言の紛失・
　隠匿・改ざんなどが防げる、検認
　の手続きが不要、保管前に遺言の
　形式不備がチェックされる、など
　のメリットがある。

死亡退職金の非課税限度額 ……… 92

借地権価額 …………………………… 144

借地権割合 …………………………… 138

借家権割合 …………………………… 144

受遺者 ………………………………… 81

重加算税（相続税）………………… 190

住宅取得等資金に係る贈与税の非課
　税措置 ……………………………… 128

受贈者 ………………………………… 104

準確定申告 …………………………… 196

純資産価額方式 …………………… 156

障害者控除 …………………………… 184

小規模宅地等の評価減の特例
　…………………………… 35, 46, 166

消極財産 ……………………………… 48

上場株式の評価 …………………… 150

自用地の評価額 …………………… 144

正面路線価 …………………………… 142

書画・骨とうの評価 ……………… 160

所得課税精算説 …………………… 88

申述書 ………………………………… 70
　相続の放棄を家庭裁判所に申し立
　てることを「相続放棄の申述（し
　んじゅつ）」といい、そのために
　提出する書類を「相続放棄の申述
　書」と呼ぶ。

推定相続人 …………………………… 54

その時点の状態で相続が発生した
ら、相続人になるはずの人。被相
続人や相続人になるはずの人は、
誕生や死亡、結婚・離婚などで変
わる。そのため、実際に相続が発
生するまでは、「推定相続人」と
なる。相続廃除も、正確には「推
定相続人の廃除」という。

税額控除（相続税）………………… 182

生計の資本 …………………………… 64

生前贈与 ……………………………… 36

生前贈与（相続税対策）………… 204

生前贈与加算 …………………… 117, 208

生命保険（相続税対策）………… 224

生命保険金の非課税限度額 ……… 92

積極財産 ……………………………… 48

全血兄弟 ……………………………… 60

葬式費用 ……………………………… 174

相次相続控除 ………………………… 184

相続 ……………………………… 30, 48

相続争い ……………………………… 30

相続欠格（者）……………………… 54

相続財産 …………………………… 48, 90

相続時精算課税（制度）38, 112, 124

相続時精算課税の基礎控除額
　…………………………… 100, 126

相続順位 ……………………………… 50

相続税 …………………………… 34, 88

相続税対策 …………………………… 200

相続税対策の３つの柱 …………… 202

相続税の２割加算 ………… 69, 130
　→２割加算

相続税の基礎控除額 ……………… 94

相続税の計算 ………………………… 170

相続税の申告 ………………………… 186

相続税の申告書 …………… 186, 188

相続税の申告のしかた …………… 188

相続税の総額 ………………………… 178

❸

50音順索引＆用語解説

られたはずの利息を割り引いて、現在の金額を計算する。そのための利率。基準年利率は年によって変わり、毎年、国税庁から発表される。1〜2年の短期、3〜6年の中期、7年以上の長期がある。

基礎控除額（相続時精算課税）
……………………………… 100,126
基礎控除額（相続税）……… 94
基礎控除額（贈与税）……38,113,116
基礎控除額の計算（相続税）…… 176
教育資金の一括贈与に係る贈与税の非課税措置…………………… 129
共同相続人………………………… 76
共有分割…………………………… 75
寄与分…………………… 32,57,66
結婚・子育て資金の一括贈与に係る贈与税の非課税措置…………… 130
血族相続人………………………… 50
気配相場等のある株式の評価… 152
原則的評価方式………………… 154
限定承認……………………… 41,70
検認………………………………… 82
現物分割…………………………… 74
公開価格（財産評価）………… 153
公正証書遺言……………………… 82
国外財産（相続税）……………… 93
国外財産調書…………………… 165
国外財産の評価………………… 164
個人版事業承継税制…………… 223
個人事業主の事業を承継する際に、後継者が贈与税や相続税の納税を猶予、または免除してもらえる制度。「個人事業承継計画」を作成し、都道府県知事に申請する。事業、先代事業者、後継者のそれぞれに要件がある。2028年12月31日までに、贈与や相続に

よって、事業用資産が承継された場合に適用。ただし、小規模宅地等の評価減の特例とは選択適用で、どちらかを選ばなければならず、併用はできない。

固定資産税台帳………………… 142
固定資産税評価額……………… 136
ゴルフ会員権の評価…………… 160

【サ】

再建築価額……………………… 146
評価対象の家屋や庭園設備と同じものを、評価を行なう時点で新築するとした場合に必要となる建築費のこと。その時点の建築資材などの物価を反映して計算し、建築後の経過年数に応じた金額を差し引いて評価額とする。

財産評価（相続税）…………… 132
財産目録………………………… 132
債務……………………………… 172
債務控除………………………… 172
債務の資本化（相続税対策）…… 218
死因贈与…………………………… 84
自社株の評価額（相続税対策）… 220
実勢価格………………………… 136
失踪宣告…………………………… 48
行方がわからない人について、一定の要件を満たしたときに、その人を死亡したものとみなす制度。利害関係人が、家庭裁判所に申し立てて判断してもらう。生死が7年間明らかでないときの「普通失踪」と、船の沈没や震災などで危難に遭遇し、その後1年間、生死が明らかでないときの「特別失踪（危難失踪）」がある。失踪宣告により死亡したものとみなされる

50音順索引＆用語解説

【数字】

1次相続 ……………………………… 96
2次相続 …………………………… 44,96
2割加算（相続税）…………… 69,130
　配偶者と子、父母以外の相続人の相続税額は、2割増になるという相続税のルール。兄弟姉妹と祖父母、代襲相続人でない孫、血縁関係のない第三者が2割増になる。被相続人と血縁関係が近い人と、遠い人（血縁関係がない人）の相続税が、同額なのは不自然という考え方による。

【ア】

遺言 ……………………………… 42,80
　法令では読み方が指定されていないが、弁護士や税理士などの専門家は通常、「いごん」と読む。法的効力のあるものを「いごん」、法的効力のないものも含めて「ゆいごん」と使い分けることもある。また、口頭によるものを「遺言」、書面によるものを「遺言書」と使い分けることもあるが、民法では法的効力がある、書面によるものを「遺言」としている。

遺産分割 …………………………………… 74
遺産分割協議 ……………………………… 76
遺産分割協議書 ………………… 76,197
遺産分割調停申立書 ……………………… 78
遺産分割方法の指定 ……………………… 63
遺贈 …………………………………………… 84

遺贈者 …………………………………………… 81
遺留分 …………………………………………… 72
遺留分侵害額の請求 ……………………… 73
一般税率（贈与税）………………… 115
延滞税（相続税）…………………… 190
延納（相続税）………………… 98,192
延納（贈与税）……………………… 122
奥行価格補正率 ……………………… 140
奥行長大補正率 ……………………… 140

【カ】

外貨建て財産の評価 ……………… 164
外国税額控除（相続税）……… 93,185
がけ地補正率 ………………………… 140
貸宅地の評価額 ……………………… 144
過少申告加算税（相続税）………… 190
貸付事業用宅地等の評価減の特例
　……………………………………………… 168
貸家建付地 …………………………… 144
課税遺産総額 ………………………… 176
課税価格（相続税）………………… 172
課税価格（贈与税）………………… 112
課税価格の合計（相続税）………… 174
課税時期（財産評価）……………… 150
角地 ……………………………………… 142
換価分割 ………………………………… 74
基準値価格 …………………………… 136
基準年利率（財産評価）…………… 161
　将来もらえるお金を、現在の価値に換算するための利率。たとえば、ゴルフ会員の預託金が将来、返還される場合、それまでの期間に預貯金などで運用していたら得

❶

50音順索引＆用語解説

【著者紹介】

梅田泰宏（うめだ・やすひろ）

◎――1954年、東京生まれ。公認会計士、税理士。

◎――中央大学卒業後、大手監査法人に入社。1983年、梅田公認会計士事務所を設立。企業における幅広いコンサルティング活動を精力的に行なう。約250社の中堅・中小企業並びに外資系現地法人に対し、財務指導から税務実務まで幅広いサポートを続けている。

◎――2004年、企業に対するサービスをよりスピーディに行なうため、社会保険労務士、司法書士との合同事務所「キャッスルロック・パートナーズ」を設立。さらに2006年、税務部門を税理士法人として新たなスタートを切った。

◎――主な著書に、『わかる！　国際会計基準』（ダイヤモンド社／共著）、『「原価」がわかれば儲かるしくみがわかる！』（ナツメ社）、『決算書は「直感」で９割読める』（PHPビジネス新書）、『経費で落ちるレシート・落ちないレシート』（日本実業出版社）、『マンガでわかる 親子で読む 絶対もめない！相続・生前贈与』（実業之日本社）、『これだけは知っておきたい「税金」のしくみとルール』（フォレスト出版）、『イチからわかる！「会計」の基本と実践』（すばる舎）など多数ある。

［梅田公認会計士事務所］ホームページ
http://www.ume-office.com/

［キャッスルロック・パートナーズ］ホームページ
https://www.sosapo.org/lp/castle_rock/

これだけは知っておきたい「相続・贈与」の基本と常識　新版

2025年３月24日　　初版発行

著　者　梅田泰宏
発行者　太田　宏
発行所　フォレスト出版株式会社
〒162-0824 東京都新宿区揚場町２-18　白宝ビル７F
電話　03-5229-5750（営業）
03-5229-5757（編集）
URL　http://www.forestpub.co.jp

印刷・製本　萩原印刷株式会社

ISBN978-4-86680-316-6　Printed in Japan

安心のロングセラー定番書

公認会計士 梅田泰宏・著

これだけは知っておきたい
「税金」のしくみとルール
改訂新版10版

複雑な税金が、これ1冊でわかる!
家計にも影響大な税金の知識を完全解説!

定価1,760円⑩